青少年自我管理“胜”经系列

汤晨龙/编著

管理好交际

让友情走进你的内心

优等生自我管理指南 青少年健康成长旗帜

★ 这是一套“让父母放心、让老师省心、让学生称心”的书！

★ 刮起千百万青少年学生自我负责、自我管理“风暴”！

★ 这是中国第一套以青少年为视角讲述自我负责、自我管理的探索读本。

大地传媒
中原出版传媒集团
中原农民出版社
·郑州·

图书在版编目（CIP）数据

管理好交际：让友情走进你的内心/汤晨龙编著.—郑州：中原出版传媒集团，中原农民出版社，2014.10

（青少年自我管理“胜”经系列）

ISBN 978－7－5542－0830－4

Ⅰ.①管…　Ⅱ.①汤…　Ⅲ.①人际关系－青少年读物　Ⅳ.①C912.1－49

中国版本图书馆 CIP 数据核字（2014）第 205458 号

出 版 人　刘宏伟
总 策 划　汪大凯
责任编辑　王　霄
责任校对　钟　远
封面设计　法思特设计

出版：中原出版传媒集团　中原农民出版社
（地址：郑州市经五路 66 号　电话：0371－65751257
邮政编码：450002）
发行：全国新华书店
承印：三河市燕春印务有限公司
开本：690mm×1092mm　1/16
印张：13
字数：200 千字
版次：2014 年 10 月第 1 版　**印次**：2014 年 10 月第 1 次印刷

书号：ISBN 978－7－5542－0830－4　**定价**：29.80 元

前言 Foreword

在社会生活中，人要生存和发展，就必然与他人发生这样那样的联系。任何一种物品的生产、交换与消费，都需要众人的合作、参与，于是形成了各种各样的交往关系。随着社会的发展，交往范围越来越广，人际关系显得越来越重要。从交往的内容看，涉及经济交往、政治交往、文化交往、思想交往等；从交往的形式看，有个体间的交往、小团体间的交往、阶级间的交往、民族与民族或国家与国家间的交往等。通过交往，形成纷繁复杂的人际关系。

有这样一句话，没有交际能力的人，就像大海中没有帆的小舟，永远到达不了人生的彼岸。这句话虽然简单，但是富有哲理。它充分说明了：在生活中，无论你的个人财富有多么雄厚，你的条件有多么好，如果没有良好的人际关系，那么你就无法得到真正的成功，自然就不会拥有真正幸福的生活。

培养人际交往能力首先要有积极的心态，要理解他人，关心他人，主动与他人交往，要敢于接触，不要消极地回避。其次，要从小处做起，注意社交礼仪，积少成多。再次，要善于去做，加强人际交往方面的知识积累，在实际的交往活动中去体会，把握人际交往的各种方法和技巧。另外，在与别人的交往中，要以真诚打动人，以诚交友，以诚办事，只有真诚才能换来与别人的合作和沟通，真诚永远是人类最珍贵的品质之一。以一种高尚的人格做人，以一种独特的魅力社交，丰富的人脉资源就自然掌握在我们的手中。

良好的人际关系，可以增强集体的凝聚力和战斗力，激发和调动人们的积极性和创造性，从而推动社会的进步。在和谐、融洽的人际交往中，人的个性可以受到良好的熏陶，得到健康的发展。特别是在学校中，良好的人际交往环境有利于青少年的健康成长和教育事业的发展。

本书是一本旨在提高青少年学生交际能力的书籍，我们以生活中的故事为切入点，对人际交往的意义，人际沟通的构成要素及人际交往从开始建立、破裂再到修复的各个阶段进行了说明，试图用通俗易懂的语言解释我们人际交往中最常出现的一些现象。希望大家借由此书能游刃有余地处理人际关系问题，为未来的成功累积财富，为幸福的人生积蓄能量！

目录 Contents

◆ 第三章　培养好修养——用礼仪获取他人"芳心"

◆ 第四章　把握好尺度——异性之间学会正常交往

◆ 第五章 打扫好心灵——让朋友走进自己的内心

◆ 第六章 塑造好口才——让好口才帮你结人缘

◆ 第七章 维护好关系——与同学快乐相处的妙方

第一章 管理好人脉——交际是人生发展的必修课

人脉是一种资源，并且是一种作用巨大的资源。对任何一个人来说，一旦掌握了人脉资源，必定能事半功倍。一个拥有高层次、广范围、深基础的人脉网络的人，足以在竞争中脱颖而出、超越他人。正如世界顶尖激励大师安东尼·罗宾所说："人生的最大财富便是人脉关系，因为它能为你开启所需能力的每一道门，让你不断成长、不断贡献社会。"

多个朋友多条道路

时代在进步，科技在发展，许多东西都在改变，有些东西却是亘古不变的。人生活在社会中，就需要与其他人打交道，通过交往来与他人交流、增长知识、提高能力，完成由“生物人”向“社会人”的转变。

如果封闭自己，切断自己与周围人的联系，非但不能成长，就连做一个正常的人都是不可能的。婴儿一出生就通过与父母的交往来学会说话、走路等。随着年龄的增长，交往范围扩展到学校，又扩展到社会，在更广阔的环境中不断成长。“狼孩”的故事告诉我们，即使婴儿身体健康，如果不在有人

真诚对待，友好相处

类同伴的环境中成长，也将无法适应社会，成为真正的人。我们的身边或许有这样的例子，有些同学不懂得如何与他人交往，将自己封闭在自己的世界里，不和其他同学沟通交流，将自己的苦恼和心事憋在心里。这样的他没有感受过同学们之间愉悦相处的气氛，情绪长时间低落抑郁，平时也缺乏体育锻炼，生理和心理的健康状况明显下降，最终积郁成疾，导致精神失常，无法坚持正常的生活和学习。可见，良好的人际交往对我们成为健全的人非常重要。

交往对个体一生的发展都至关重要。与他人交往的益处多多，俗话说“朋友多了路好走”“多个朋友多条路”。社会越先进，越体现出交往的价值。据英国《每日邮报》报道，美国科学家发现，与朋友良好的、积极的互动能够帮助人体保持健康；而消极的、充满敌对的关系则会让人体免疫力和机能下降。青少年时期是人生中的一个重要阶段，需要逐步提高与他人和社会交往的技能。走进新学校，适应新生活，与新同学搞好关系，结识新的朋友，在这些情况下都需要青少年有良好的与他人交往的能力。正处在这个时期的你有没有想过，生活中你为什么在不断地结交新朋友？你在与他人的交往中收获了什么？又付出了什么？

交往帮助我们正确认识自己。特尔斐神庙门前的箴言“认识你自己”通过苏格拉底闻名全世界。中学时期是人的自我认识逐步成熟的时期，也是人自我完善的起点。人们可以通过许多方式认识自己。心理学有一个“镜像自我”的术语。“镜像自我”就是可以通过他人来认识自己，在与他人交往的过程中所获得的对自己的评价等信息，以丰富对自己的认识。通过人际交往、同别人的比较，人们会更容易发现自己的长处和短处，更加有针对性地保持自身的优势，克服自身的劣势、取长补短，不断完善自己。青少年认识自己的一个重要途径就是与周围的同学、朋友进行比较，以他人作为衡量自己的尺度和借鉴的镜子，从中更全面地认识自己。在同一个班级中，如果考试成绩名列前茅，就认为自己学习是努力的，学习能力是强的；自己的体育成绩不如他人，就会认为自己的身体素质不如他人；在知识竞赛中的得分不如他人高，就会认为自己的知识面不如他人的广，等等。除了通过同他人比较的方式来认识自己外，还可以通过老师和同学对自己的印象和评价来认识自己，在别人的评价中不断深入地认识自我、完善自我。我们身上的某些方面是无法被我们自己察觉的，你表现出来了但是却没有意识到，别人对你的评价和反馈就是你更深入认识自己的一面镜子。

友情是人生中非常重要的一种感情，朋友让你的人生丰富多彩。当进入一个全新的环境，是否会去结交新朋友？当要完成超过个人能力的任务时，是否会与朋友协同合作来共同完成？当伤心或者开心时，是否会与朋友一起分享？遇到困难时，朋友的支持和鼓励能成为顺利渡过难关的力量。让我们来看看找到朋友的几种方法：

1. 积极交往，做环境的适应者。

世界上唯一不变的就是变化。面对瞬息万变的世界，我们所能做的就是时刻准备着适应新的环境。《谁动了我的奶酪》的故事告诉我们，只有时刻准备着去适应变化的环境的人才能活得精彩。生活中的变化无处不在。离开了熟悉的朋友和学校，进入到一个全新的环境，开始一段新的旅程。对于我们来说需要积极地调整心态，积极地去结交新的朋友，适应新的环境，做环境的适应者，而不是被陌生的新环境打败。以乐观的心态面对生活中的改变，这既是一个挑战又是一段全新旅程的序幕，拉开序幕后将有一段更加精彩的

朋友让你的人生丰富多彩

人生上演。

2. **善于交流，开阔眼界。**

英国作家萧伯纳说："如果你有一个苹果，我有一个苹果，彼此交换，我们每个人仍只有一个苹果；如果你有一种思想，我有一种思想，彼此交换，我们每人就有两种思想，交往的范围越大，获得的信息就会越多。"青少年的主要任务是学习文化知识和认识社会，大部分时间都在学校中度过。思维活跃，善于接受新信息和学习新知识，对青少年生活和社会生活充满了好奇，并希望通过与老师和同学的交往来不断丰富自己的认识等都是青少年的特点。除了现实交往，网络的普及正日益改变着人们的交往方式。通过网络交往使"秀才不出门，便知天下事"成为可能，也使与他人的交往跨越了地域、时间等的限制，促进了信息的传递和沟通。

3. **寻求情感支持≠脆弱。**

当在群体中时，我们会有一种归属感，也就是说感到自己是属于这个团体的，被这个团体所包容。在团体中会觉得安全、幸福，有所归属，不会觉得自己是一个不被人需要、如同被遗弃的孩子般地感到孤独、寂寞，无处藏身。当我们孤独寂寞时，如果好朋友陪在身边，一起哭、一起笑，一起痛苦、一起快乐，这时你还会感到孤单无助吗?

寻求朋友的精神支持、情感支撑并非脆弱的标志和象征。人，有血有肉有情感，都会遇到挫折，这时朋友能够带来的支撑力量是无穷的。向朋友倾诉、寻求支持是必要的。"人"字是由一撇一捺支撑，才会站得稳当。心理学家证明：哭泣和倾诉是宣泄情感和压力的绝佳方式之一。朋友是人生中重要的存在，与朋友分享你的快乐，这样快乐会变成双倍；而与朋友分享痛苦，这样痛苦便会减半。共同生活、共同学习的青少年更要加强与朋友的情感联系。如果相互之间情感淡漠、产生距离，互相封闭，就会影响整体的欢愉、融洽的气氛和对集体的热爱。在这种氛围中一些同学会感到孤独、寂寞，还将会影响正常的学习。

自我管理箴言

多个朋友多条路，多个冤家多堵墙。古人的话，总是不假。相信大多数人交朋友的时候，原本没有利益的目的，但是朋友交往多了，交情深了，关键时刻总是能帮上忙。

健康交往是人生的必修课

人有各种各样的需要，这是人际交往的心理基础。为了生存，青少年要满足基本的生理需要，还有安全的需要；为了进一步发展与完善，青少年又有归属的需要、尊重的需要和自我实现的需要。

人际交往有不可替代的功能，在交往上花费一定的时间和精力是非常必要的。

人际交往的功能主要体现在以下几方面：

1. **身心健康的需要。**

青少年通过与同伴交往进行情感交流，使自己能被别人接受、理解、关心、喜爱，尤其是亲密的交往，能使人得到心灵上的慰藉。如果青少年缺少人际交往，喜怒哀乐等情感无处交流，会导致心理上缺乏安全感和归属感。而孤独、落落寡欢的青少年，常常有更多的烦恼和难以排除的苦闷。

同时，情感上的孤寂、惆怅、空虚，久而久之，会成为种种疾病的催化剂，削弱青少年的抗病能力，使其正常生理机能减退，并且削弱神经系统的工作能力，导致心理障碍。

现代医学表明，胃病、高血压、头痛、消化道溃疡等疾病，往往与人的

人际交往是健康人生的必修课

情绪有关。常常可见到刚从工作岗位退下来的人生活内容骤然变化，交往频度大大减少，缺乏信息刺激，容易罹患各种身心疾病。所以说，正常的人际交往是青少年身心健康的基本保证。

2. **个人社会化的必经之路。**

人一出生就开始接受父母及其他周围人的影响，使自己的行为适合周围环境的需要，这就是所谓“个人社会化”的起点。进入青春期以后，同伴的影响可能超过父母和教师的影响，因为同伴关系是一种平等地位的关系。

在与他人的交往中，青少年可以积累社会生活经验，逐步摆脱以自我为中心的倾向，从而意识到自我在社会中的地位和责任，学会与他人平等相处和竞争，养成遵守法规的习惯，这样才能取得社会认可，成为一个成熟的、社会化的人。

3. **自我认识的途径。**

同伴就好比青少年的镜子，在认识自己时，青少年需要从同伴那里得到反馈信息，看看自己有哪些是长处，又有哪些是不足。别人是尊重、喜爱、赞扬你，还是轻蔑、讨厌、疏远你？这常常成为自我认识的尺度。

通过与他人的交往，青少年能更清楚地回答“我是谁”。恰当的自我认识，能使青少年避免“夜郎自大”，而又不至于“妄自菲薄”。有些青少年在小学、初中时代是同龄人中的佼佼者，因此过高估计自己的能力而自大；考进重点高中后，看到尖子荟萃，立刻觉得自己不过如此，又过低估计自己而导致自卑。在各种人际交往中，青少年可以得到较为客观的参照，矫正对自我的认识，使其对自己的估计更加符合真实的情况。

4. 获得知识的手段。

青少年在交往中，随时可吸取对自己的学习和生活有意义、有价值的知识经验，取长补短。作为学生，青少年朋友的大多数时间用于埋头书本知识的学习，社会经验相对欠缺，尤其需要借助各种直接与间接的交往来增长知识，开阔视野。大家来自不同社区，具有不同的家庭背景和不同的个人经历，在交往中青少年可以沟通信息，实现经验与知识的互补。

5. 熟悉环境的作用。

环境主要指人所活动的一定的场所的自然与历史情况、各种条件和人际关系的状况等因素的总和。尽快地了解、熟悉和适应环境，对一个人来说是至关重要的，它往往关系到事情的成败。而了解、熟悉和适应环境的过程往往就是人际交往的过程，就是通过人际交往来实现的。

革命战争年代，我们的革命前辈为了一个战役的胜利，为了开辟一块根据地，事先都要做大量深入、细致的社会调查工作，这种社会调查工作实际上主要依靠人际交往进行，通过走访当地群众，通过同各种人和事的接触，对环境和条件、对敌我双方的力量对比有了充分的了解，做到心中有数，方向明确，只有这样才能下决心并取得胜利。反之，如果不事先通过人际交往来了解和熟悉环境，心中没数，方向不明，则不可能取得胜利。

对于青少年来说，道理也是一样。新到一个学校、一个班级或者到一个新的、陌生的社会活动场所，如果自己不同周围的人接触，信息不灵，消息不通，对自己所在的环境、场所的情况不甚了解，自己把自己封闭起来，往往不利于自己的成长，不利于自己同周围的人感情上的沟通，不利于利用环境的有利方面，克服不利方面，有时甚至会出差错、闹笑话。由此可见，青少年在了解、熟悉环境的过程中，人际交往所起的作用是显而易见的。

6. 获得成功的重要条件。

是否善于交往与合作，已经越来越成为现代社会中影响个人事业成败的重要因素。一个人的能力是有限的，这就需要把各人的知识、专长和经验融合在一起，通过分工协作，取得成功。在交往合作中，一个人的能力、才华、品格才能得以充分表现，并最终获得社会的承认。

人际关系是否融洽、和谐，将直接影响一个单位、一个部门、一个集体的整体功能和效力。大家团结一致、齐心协力所形成的合力，往往不是单个力量的加法，有时甚至是乘法。

自我管理箴言

在科技飞速发展的现代，很多事情不是一个人能够完成的，而是需要相互配合，相互协作，利用整体的智慧和优势来完成。一些人惯于独来独往、自我封闭、自我孤立，这样的人必定是缺乏力量的。正常的人际交往是健康人生的必修课，拒绝交往的悲剧不应再重演。

青春期的交往类型

青少年主要的生活学习环境有家庭环境、学校环境和初步的社会环境，最常见的人际交往的分类方式也就是依据环境或者交往的人来划分，主要有亲子交往、同学交往、师生交往和社会交往等。

1. 亲子交往。

家庭是人生的第一所学校，父母是人生的第一位老师。家庭是我们人际交往的起点，父母是我们最初的也是最亲密的交往对象。我们的第一句话是对父母说的，我们走出的第一步是在父母的帮助下完成的。家庭交往中，父母的性格、交往方式、教养方式等都会潜移默化地影响着孩子，而孩子的行为方式也逐渐带上了父母的色彩。

青少年正处于青春期，各个方面逐渐成熟，开始寻求独立，需要自己有自由的空间。如果此时不能与父母进行良好的沟通，而是被横加干涉，我们就会觉得父母无法理解自己的感受，总是插手自己的生活，就会产生逆反情绪。或许你听过朋友这样的抱怨："父母不经我的同意看我的日记，监听我的电话，我该怎么办?""考试没考好，父母骂了我，好烦啊!""父母只关心我的成绩，从不和我沟通，我该怎么办?"这些亲子矛盾又是谁的错呢？你是否在与自己的父母的交往过程中有过这些酸甜苦辣呢？你想过用什么有效的方法来解决矛盾吗?

青少年在学校环境下的交往主要可以分为师生交往和同学交往。对于青少年来说，一天中的大部分时间都是在学校里度过的，同学和老师成为青少

学会快乐交往

年日常交往的主要对象。同学们共同学习、共同生活、共同成长。在相互交往过程中取长补短，互相帮助，共同进步。交往过程中有笑语、有泪水、有合作，也会有矛盾。总之，同学之间的交往总是在不断地磨合，在这样的氛围中逐渐丰富自己、开阔视野、不断成长。失意时的慰藉、伤感时的温暖、跌倒时伸出的援手、重新振作时的掌声，都是我们人生最鲜亮的色彩……

2. **师生交往。**

师生交往是学校生活中的又一重要交往形式。在师生交往中，教师与学生共享着在交往中形成的丰富资源，改造自己的生活，学习一切有利于自身发展的内容，不断地完善自己。“教学相长”就是师生共同成长的经典语录。作为初中生，已经可以独立地思考并作出判断，会对老师形成自己喜欢与否的评价。这无所谓对错，但是要有意识地调整好自己对老师的看法，如果因为不满意老师而对老师所教的学科产生厌学情绪那就更不可取了。对老师要有正确的态度，只有这样才能够认真听取老师作为一个年长者和学识丰富者

青少年要学会主动交往

对自己为人之道的指导和知识的教导，通过向老师不断学习来充实自己，提高自己。

3. **社会交往。**

成长过程中，总要脱离家庭和学校，进入社会生活领域，开始自己的新生活。而中学阶段正是这种生活的开端，逐渐接触到社会的更多方面，需要与更广范围的人进行交往，比如与邻居交往、与陌生人交往、与商店老板交往等，这种能力正是青少年需要注意去培养的。如果你无法与他们进行正常的交往，那么信息的闭塞使一个人的进步成长变得不可实现。

正所谓“读万卷书不如行万里路”，只有接触到社会的不同方面，与社会中不同的人进行交往，才能开阔眼界、宽阔胸怀，否则只能是井底之蛙，一个目光浅薄的人。青少年迟早要踏入社会，也要接受来自社会的挑战，因此，我们不仅不能回避与社会交往，而且必须学会社会交往，培养和锻炼社会交往的能力。

无论是与父母交往，还是与同学、老师交往，或者是与其他人交往，有一些交往小窍门是共通的。

1. **主动交往，沟通无极限。**

主动与父母或朋友沟通是维持良好关系的前提。任何误会和不愉快经过双方的沟通交流后都会烟消云散。父母是很好的倾听者，饭前或饭后经常与父母聊一聊学校里发生的有趣事情，聊聊高兴的事和伤心的事，这样的分享让亲子之间的关系更加融洽和亲密。朋友之间也是这样，朋友之间坦诚交往不但不会让友谊淡化，反而会更加亲密。

2. **用心倾听。**

听，不是仅仅用耳朵去听，要用心去听。专注地倾听传递出来的力量有时会比喋喋不休地说更强。朋友伤心难过时，你的倾听传递给他的是支持的力量；与父母争吵或父母大发脾气时，尝试不急于辩解，认真听完父母的话再来沟通。

3. **主动道歉。**

如果事情是你不对，主动向朋友道歉，不要沉默，不要逃避，不要因为面子而将事情藏起来，结果只能导致越来越糟。当你迈出了第一步，你会发现原来事情没有想象中的那么难，原来事情没有想象中的那么纠结，并且可以这么轻松地冰释前嫌。所以，鼓起勇气主动些吧，或许你的朋友也在为他的行为感到愧疚，不知该如何开口。

自我管理箴言

不可否认，对于具体的人际交往现象绝不可以简单武断地归之于哪一种交往类型。人是复杂的，分析人的问题千万不可简单化。正是因为人是复杂的，各人价值取向也会各不相同，所以很难，也没有必要千人一律。但就每个人而言，自己在人际交往中一定要提醒自己不要做让别人反感的人。

构建自己的关系网络

每个人都有属于自己的人际关系网络，而这将是你人生中的一大笔财富。现在，就让我们一起来盘点一下我们人生中的财富。

准备一支笔和一张白纸，在白纸的中间画一个实心点来代表自己。以实心点为中心，画出三个半径不同的同心圆，有大有小，代表三种人际财富或者人际圈。半径越小，离圆心的距离越近，代表与你的关系越亲密。

第一，最小的圆内是你的“一级人际财富”。处在这个圈内的朋友，你们相亲相爱。他们分享着你内心的秘密和喜怒哀乐，他们是极少数能够走入你内心深处的人。这个圈子内的人可能不会太多，但却是你最大的心灵慰藉，也是你生命中最重要的成长力量。

第二，半径再大一点的圆内是你的“二级人际财富”。处在这个圆内的朋友，你们彼此关心，时常聚在一起聊天玩耍，一起分享快乐和痛苦，一起努力奋斗。虽然你们之间有些秘密是无法分享的，但这种朋友却让你感到人生的温馨。

学会画出自己的关系网

第三，半径最大的同心圆是你的“三级人际财富”。这些朋友，可以是平时见面打招呼，但是需要帮助的时候他们也会尽力帮忙的朋友；可以是曾经亲密，但渐渐疏远了，却仍在你的心中占有一席之地的朋友；也可以是平时难得一见，却不会忘记在逢年过节问候一声的朋友。

第四，同心圆外部的空白是你的“潜在人际财富”。他们与你虽然关系相对疏远，但仍属于你的人际财富，把他们的名字写下来。

一般来说，每个人都需要一定数量的朋友来维持不同程度的人际关系，或亲密或疏远，这些关系都是必不可少的。你的人际关系现状如何呢？是否合适？如果你的人缘很好，是什么原因？你身上有哪些品质给你带来了这样的好人缘？如果人际关系不好，那又是什么原因导致的呢？看一下你刚刚整理出来的“人际财富图”，整理一下自己的人际财富，反思自己在人际交往中所体现出来的性格特点，找出自己需要继续发扬和改进的地方。

人际关系能带来财富

我们都有着自己的人际关系网络。只要你善于开发，每一个人都会成为你的金矿。

良好的人际关系，可以为你带来巨大的财富。世界一流人际关系资源专家哈维·麦凯就是巧妙地利用人际关系来推销自己，找到了一份好工作。

哈维·麦凯刚大学毕业就陷入了失业大军之中，原因很简单，当时正处于全国经济萧条时期，工作太难找了。

由于哈维·麦凯的父亲是位记者，认识一些政商两界的重要人物，所以在找工作方面，这为哈维·麦凯提供了帮助。当时的熟人当中有一个人叫查理·沃德，他是一个董事长，其公司是全世界最大的月历卡片制造公司。沃德曾经因为税务问题入狱，但由于发现当时别人对沃德的指责有失公允，于是哈维·麦凯的父亲就去监狱采访了他，并写了一些公正的报道，这对于当时受困的沃德简直无比珍贵，所以他想找机会报答哈维·麦凯的父亲。

在沃德刑期已满，出狱后，他对哈维·麦凯的父亲说："如果孩子毕业之后在工作上有困难，可以来找我帮忙。"

当时，为了能找到一份合适的工作，哈维·麦凯奔波于很多企业之间，但当时的经济情况实在不容乐观，所以一直被拒之门外。此时，父亲想起沃德曾经对他说过的话，于是让哈维·麦凯拨通了查理·沃德先生的电话。

人际关系能带给我们更多财富

听到说是恩人的儿子，沃德当然是全力以赴。他对哈维·麦凯说："你明天上午10点钟直接到我办公室面谈吧！"第二天，哈维·麦凯精心准备了一番来到沃德的办公室。没想到这次面试变成了聊天。当时沃德谈得最多的就是哈维·麦凯的父亲对他狱中采访的那段，气氛是轻松欢快的。

聊了一段时间后，他们才谈到了工作方面的事情。沃德对哈维·麦凯说："我想派你到我们的直属公司工作，就是品园信封公司。”

当时，哈维·麦凯并没有考虑什么样的工作，只是感觉只要有个地方要他就好。瞬时，哈维·麦凯不再是无业游民，而是有了拥有最好的薪水和福利的工作。

然而这份工作却给哈维·麦凯的人生带来了转折，他成就了属于自己的一份事业。多年后，哈维·麦凯已经是麦凯信封公司的老板，这个公司是全美著名的信封公司。

当沃德给他介绍了这份工作后，哈维·麦凯希望有所作为。在这个公司里，他积极学习，熟悉公司的作业流程，学会销售技巧，最重要的是他认识了很多有才能的人，有良好的人际关系网。这也是他走向成功的资本。

哈维·麦凯曾经深有体会地说：“建立人际关系如同挖井，在挖井的过程中需要人们付出汗水，这根本不算什么，因为这些汗水可以换来源源不断的水源。”

我们从这两个人的经历中应该能学到很多东西。例如沃德，虽然穿过囚衣，但仍然成就了自己。所以，我们只要肯努力，成功不在话下。同时，哈维·麦凯通过自己所建立的人脉关系网，最终也走向了成功。所以，一个人要想取得成功，自身的努力和他人的帮助都是必要的。

好的人际关系能够为你创造机遇。不善于经营人际关系的人无法有效地把握迎面走来的机遇，常常会与机遇失之交臂。

在李泽楷（李嘉诚的次子）家中用实木装饰的餐厅里有很多镜框，上面所镶嵌的是李泽楷和一些政界要人的合影，这些“名人”中有新加坡前总理李光耀、英国前首相撒切尔夫人……相信李泽楷之所以能够在商界活动得如鱼得水肯定是与这些人际关系分不开的。

1999 年 3 月，李泽楷凭借父亲李嘉诚与他个人的人际关系资源，使香港特区政府确立了建设“数码港”的项目，并将其交由盈科集团独家投资兴建。李泽楷则再次利用丰富的人际关系资源，收购了上市公司得信佳，并将自己的盈科集团改名为“盈科数码动力”。盈科的收购行动及数码港概念的刺激，使其股市市值由 40 亿元变成了 600 亿元，成为香港第十一大上市公司，李泽楷一天就赚了 500 多亿元。

2003年1月，世界经济论坛在瑞士达沃斯举办，当时李泽楷出席参与，并与包括比尔·盖茨在内的一些杰出的企业家讨论。这些举动极大地提高了李泽楷在商界的影响力，同时也为李泽楷带来了“福利”——雄厚的财富和良好的人际关系网。

被称为激励大师的安东尼·罗宾曾经说过：“人生最大的财富就是人际关系，因为它能为你开启所需能力的每一道门，让你不断地成长，不断地贡献社会。”

作为上海威顺康乐体育咨询有限公司董事长兼总经理的吴华曾经坦言自己的朋友有两三千个，他跟这些朋友每年都会碰面并且经常联系，所以他的资产数量已经不是人们所能想象得到的。

吴华感言，自己的事业是因得到朋友的帮助才会这么顺利的——“包括开公司、介绍推荐客户和业务等，各种朋友都会照顾我，有什么生意都会马上想到我。”

在朋友的推荐下，从1999年到2000年，吴华涉足房地产行业。当时上海的房市非常火热，很多楼盘都出现了排队买房的盛况，有时即使排队也不一定能买到房。吴华通过朋友不仅买到了房，并且还是打折的。

最好的时候，吴华手中有十几套房产。2004年，政府开始对房地产行业实施限制政策。吴华听从朋友的建议将房产及时变现，收益颇丰。

自我管理箴言

成功机遇的获得与其交际能力和交际活动范围的大小几乎是成正比的。所以，我们应把营造好人际关系与捕捉成功机遇联系起来，充分发挥自己的交际能力，不断扩大自己的人际关系网，发现和抓住难得的发展机遇，进而拥抱成功！

交友就是对未来投资

投“人”之法，中外通用，尤其在身处经济社会的今天，更不例外。我们知道，你要想更快、更多地赚取利润，唯有通过投资。有的人会说“我可以通过我的智慧和劳动力赚钱”，这不无道理。但是这只是小本事，赚点小钱还可以，赚大钱不太可能。所以要想成大器就要投资人脉，这是亘古不变的真理。

不信邪，为什么别人能发财，偏偏就你不行？

汉高祖刘邦本是市井小民，却得到张良、萧何、韩信相助，平定天下；宋江一平庸小吏，竟啸聚梁山，一呼百应；清代最有钱的商人胡雪岩，打当小伙计时就知道为自己铺就人脉和财路。人脉是成大事者无往不利的法宝，就连股神巴菲特都不例外。

“投资的第一条准则是不要赔钱；第二条准则是永远不要忘记第一条。”这是沃伦·巴菲特经常说的一句话。从字面意思上看，这无疑是正确的，但是，越来越多的投资者开始意识到，他们无法复制巴菲特。

交友就是对未来投资

巴菲特的投资秘诀为什么知易行难？因为巴菲特成功的一些关键性要素，如长期稳定的现金流、特定的历史条件以及美国企业成熟规范的经营模式，这些都不是靠模仿就能获得的。

最让人们无法理解的是，投资必然伴随着风险，股神怎么避免买错股、被套牢，最后赔钱？其实，巴菲特成功的秘密除了高超的投资技巧和先进的投资理念，还有他的人脉优势以及充分发挥人脉作用的能力。

首先，巴菲特家族拥有广泛的人脉网。巴菲特的祖父欧内斯特曾担任奥马哈扶轮俱乐部的主席，属于地方名流。而他的父亲霍华德曾当选美国国会议员，还是一名出色的股票经纪人。可以说，巴菲特既富且贵的家世背景为他的成功奠定了良好的人脉基础。

其次，巴菲特师从于著名投资学理论学家本杰明·格雷厄姆，当他阅读了菲利浦·费舍的《普通股与不普通的利润》后，又马上去拜访费舍——这两位学者的理念是巴菲特投资哲学的基础。另外，他还向劳伦斯·彭博、约翰·威廉斯、罗德·肯尼士、艾格·史密斯、查尔斯·芒格等人学习。可见，巴菲特真正宝贵的财富是通过向成功者和专家学习获得的，他主动靠近他们，不仅成了其中的一员，甚至是最杰出的一位。

最后，巴菲特成功的核心秘诀就是他自己常说的一句话，“成功的关键就是与成功者为伍”，这一点在他求学问道的过程中已经得到充分的体现。然而，这句话还有一层更重要的意思往往会被人们忽视，那就是，如果与你为伍的人并不成功，就应该帮助他们成为成功者。

弄清楚了这个问题，你就会明白巴菲特为什么能只赚不赔。人脉就是股神的保护网，总能在关键时刻帮他反败为胜。1987 年，罗纳德·佩雷尔曼要收购南非采矿联合公司拥有的所罗门兄弟公司 14% 的股份。所罗门公司为了抵制这个恶意收购，开出优厚条件邀请巴菲特来充当“白马骑士”（即让巴菲特购买公司股票，和所罗门公司一起抵制佩雷尔曼的收购）。然而，1991 年的违规投标国债事件使所罗门兄弟公司受到致命打击。巴菲特迅速采取行动，自己担任公司总裁，与政界人士进行多方交流，最后保住了所罗门兄弟公司的承销资格，令其没有丧失市场地位。一年后，担任了 9 个月公司总裁的巴菲特辞职了。所罗门兄弟公司的股价比巴菲特就职之前足足涨了约 30%。

表面上看，巴菲特通过直接治理公司来拯救他的同行，但在关键环节发挥威力的并非是他的投资技巧和管理方法，而是强大的人脉。他随时向困境中的伙伴伸出援手，利用人脉来帮助他人，从而实现了人脉的滚雪球效应，同时也让自身的影响力无限扩大。

自我管理箴言

财富和人脉相得益彰，互相刺激和提升，这对巴菲特来说，其意义远远大于投资一只潜力股。如果你不信邪，不相信只有别人发财，希望自己也像巴菲特一样成为财富赢家，那么，从现在开始，就要掌握科学的方法建立人脉，学会和他人分享，那样成功离你就不会远了。

掌握交往的同理心

同理心是个心理学概念，就是指站在对方立场设身处地的思考的一种方式，又叫换位思考、移情、共情，即透过自己对自己的认识，来认识他人。它的基本意思是说，一个人要想真正了解别人，就要学会站在别人的角度来看问题，也就是人们在日常生活中经常提到的设身处地、将心比心的做法。具体方法就是考虑同样的时间、地点、事件，把当事人换成自己，设身处地地去感受、体谅他人。

心理学家发现，无论在人际交往中发现什么问题，只要你坚持设身处地、将心比心，尽量了解并重视他人的想法，就比较容易找到解决问题的方法。尤其在发生冲突和误解时，当事人如果能够把自己放在对方的处境中想一想，也许就可以了解到对方的立场和初衷，进而求同存异、消除误会。其实同理心并不是什么新的想法，早在2 000多年前的孔子就说过：“己所不欲，勿施于人。”这就是同理心所说的要做到“推己及人”。一方面自己不喜欢或不愿意接受的东西千万不要强加给别人；另一方面，应该根据自己的喜好推及他人喜好的东西或愿意接受的待遇，并尽量与他人分享这些东西和待遇。西方文化同样也有强调和推崇同理心的传统，基督教中的“黄金法则”说：“你们愿意人怎样对你们，你们也要怎样待人。”其实这就是同理心原则的体现。

同理心是解决冲突的法宝。人与人之间冲突的来源，通常起源于对彼此的误解，或是一方态度咄咄逼人，或是一方拉不下脸来，或是情绪过于激动，或是过于固执己见……其实这都是可以避免的，同理心的作用也就在于此。

现实生活中常说：“人同此心，心同此理。”强调的也是同理心。无论在日常工作还是生活中，凡是有同理心的人，都是善于体察他人意愿、乐于理解和帮助他人的人。这样的人最容易受到大家的欢迎，也最值得大家的信任。而所有的人际关系都是建立在信任的基础上的。注意这里所谈的“信任”不是指对个人能力方面的信任（例如，让别人相信我能把某项工作做好），而是指对人格、态度或价值观方面的信任（例如，让别人相信我的出发点是好的，相信在我面前不必刻意设防或掩盖自己的缺点和错误）。从这个意义上说：没

保持一颗同理心

有同理心就没有彼此之间的信任，没有信任也就没有顺利的人际交往，也就不可能在分工协作的现代社会中取得成功。不管是东方文化还是西方文化，都把同理心作为一种思维方式和道德标准，而没有从个人发展与成功的角度去阐述同理心的重要性。事实上，同理心既是人际交往的基础，也是个人发展与成功的基石。社会学家发现，同理心是人融入社会的一个重要环节，而很好地融入社会则是一个人发展与成功的前提。

所以，同理心不仅是为了理解别人，也是让别人理解自己。同理心并不要你迎合别人的感情，而是希望你能够理解和尊重别人的感情，希望你在处理问题或作出决定时，充分考虑到别人的感情以及这种感情可能引起的后果。

我们要对他人表达同理心，必须以“理解”为核心，拒绝盲目的“同情”，并且要抛开对他人的成见与判断，在理解他人的过程中，拒绝速成的答案。心理学研究者曾提出，表达同理心时要注意七个方面，我们结合一个具体的例子来理解一下。比如说，当朋友转进一所新学校，与新同学关系不和睦，面临适应不良的境遇时，我们会怎么向他表达我们的同理心呢?

1. 运用开放式的问句。

我们可以试着询问朋友：“你想融入新集体，但是却发生了一些事情让你无法融入，都是什么样的事情呢?”此类开放式的提问可以让对话得以持续，不让谈话只停留在黑与白、对与错、是与否等这种封闭式的问题中。在交谈过程中，对方会感受到被尊重，知道自己可以拥有一个暂时的空间，不被批判，得到接纳。

2. 放慢脚步。

朋友带着问题求助于自己，自然是很期待能给他一个解决问题的办法，但实际上他更希望得到的是被接纳的感觉，这是他目前最缺乏的。因此，面对朋友难解的问题，建议虽然可以给，但却需要留待最后当他把所有的故事都说出来的时候，这时给的中肯建议才有可能被朋友听进去。放慢脚步也意味着给朋友时间整理思绪，同时也是让自己能更准确地理解对方，也让同理心可以安抚对方。

3. 别太快下判断。

对于朋友的境遇，如果我们心里急着批评与判断，同理心的力量也就无法展现。表达同理心一个很重要的前提是价值中立，忘掉自己的世界，走入对方的世界。所以我们不能太快对朋友诉说的事情下一个判断，比如，这个事是好还是坏。我们应该伴随着朋友一起探其心灵深处，接纳他光明与阴暗的那一面。

4. **使心口如一。**

当我们在表达同理心时，最忌讳身体语言出卖我们的真实想法。比如朋友在和我们交谈时，发现我们在不停地打哈欠，那么他肯定会觉得我们对他所讲述的事情完全不感兴趣。那么他来找我们解决问题的信心肯定会备受打击，以后很有可能就不会再找我们倾诉了。对朋友表达同理心时，一个不经意的手势与表情都可能让对方感觉自己被轻蔑因而失去信任感。因此，一定要注意自己的身体语言，使心口如一，将同理心的力量发挥到极致。

5. **探索对方的过去。**

每个人现在的情绪都脱离不了过去的背景。了解对方过去的目的是希望对人能有全面、完整的理解。面对朋友的境遇，我们应从他过去的各方面来查找原因，比如，过去的人际关系怎么样等问题，来帮助朋友找到解决问题的良方。

6. **鼓励对方说出自己的故事。**

每个人都有属于自己的人生故事，当故事说出来时，我们对一个人的理解将从表面进入到内在的心理世界。这样我们才能完全体验到他的情绪。

7. **划定界限。**

这是表达同理心的最后一个步骤。有这样一个故事：两个迎面而来的人，踏上了同一座桥，对面的来者手里拿着一根绳子，当两人交会时，来者将绳子的一端交给了另一个人，随即跳下桥，对桥上之人说："我现在的生死由你负责，你要将绳子抓牢！"桥上的人对这个突兀的举动深感错愕，一时之间，不知如何是好。过了半晌，桥上之人对桥下之人说："这是你的选择，我将绳子系在桥柱上，你自己爬上来吧！"面对朋友问题，终究得他自己面对这一困境，不要企图代替他来解决这个问题。

自我管理箴言

人与人的关系没有标准的公式可言，只能以关心为出发点，为双方都留下空间，设想他们所想要、所需求的东西，他们能做的事，及他们自己的生活。也就是说，人与人之间只是关心仍然不够的！还需要爱，需要对于别人处境的感同身受。有了同理心，我们将不会处处挑剔对方，抱怨、责怪、嘲笑、讥讽便也大大减少；取而代之的是赞赏、鼓励、谅解、扶持。这样一来，人与人的相处就会变得愉快、和谐。

打开眼界，多方位交友

社会上曾流行过这么一句话：“熟人好办事。”在许多场合，这句话是被当做贬义词而用的，其实冷静想想，剔除庸俗、贿赂和拉拢等糟粕成分，此话倒道出了交往中的真谛。

然而，由于受到时间、条件的限制，我们完全靠自然交往的朋友非常有限，这就需要我们迈开步子，伸出双手，打开眼界，去多方位寻觅交朋友：

打开眼界，多方位交友

1. **自己主动找上门——“打开通道”**。

人与人之间要发生联系乃至结成

友谊，需要有一个触媒点，自己具有主动意识，是形成触媒的主要条件。有一首《找呀找呀找朋友》的儿歌倒非常贴切，朋友到处都有，只不过需要凭着自身的一双慧眼去寻找。独居斗室，虽可知窗外事，但难以结识亲朋好友。找上门，并不难为情，恰是真情实意的流露。有一位同学对文学很感兴趣，邻居正好是作家协会的会员，于是主动上门请教，从此有了当作家的新朋友。

“自己找上门”，形式是多样的，可以是亲自造访，也可以是寄上一封信，利用“鸿雁”传递信息。或打个电话，借助“千里耳”互通情况，还可以上因特网，在虚拟空间广交朋友。

2. **借助“他人的舞台”——“广开门路”。**

时下校园交往活动较频繁，假如你出席各种联欢会、联谊会，参加各类沙龙，你应当意识到这是结识新友的好机会，不妨借他人的舞台，“演”好交友的“戏”。在这种场合，要有“推销自己”的本事，拿出点勇气，注意点策略，通过交谈、自我介绍、互相攀谈等办法来达到更多地结识新友的目的。因此，参加各类社会活动，应该多一个心眼儿，即有意识地去交友。

3. **通过朋友介绍——“拓宽渠道”。**

旅游可以让自己交到更多的朋友

如果有人认为自我上门有些“鲁莽”。利用“他人舞台”有些“轻率”的话，那么你就可托朋友介绍，以此免去陌生的尴尬、无谓的误解。朋友把你介绍给对方，气氛和谐，自然得体。在这样的氛围中交朋友，无疑是件很愉快的事。而且朋友越可靠，对方越有信任感。这正符合“朋友的朋友也是我的朋友”的“交往定律”。而更重要的是，朋友又有自己的另外朋友，你通过他的引领，可以认识许多人。当然，不能要求刚结识不久的朋友马上为你介绍其他朋友，这要看具体情况。同时，要求朋友介绍，先要做到心中有数，最好事先用征询的方法探询一下，以免尴尬。

4．接受他人委托——“拉开战线”。

当别人托你同你不认识的人接触时，这个“陌生”人也有可能进入你的朋友圈，受他人之托办事，虽为他人效劳，但也是一个交友的机会。在“完成任务中”，不妨施展交际的才华，进行一次有意义的交往。如有一位同学为班上一位同学送“十校联刊”校刊稿件，有机会认识了另外的一所学校校报的主编，结果一交谈，双方成了好朋友。真是朋友无时不在，当个有心人处处可寻觅到朋友。

5．利用外出机会叩开新路。

一般来说，夏令营、观光旅游是结识异地朋友的良好时机。当你坐上火车、汽车或轮船时周围必定有许多陌生人。有意识地与其攀谈，可能会获得良友。最起码可免除旅途的烦闷。如有一位女孩在火车上结识了异地的一位同龄人，后来双方通信成为知心朋友。当然，在这种场合交友，是要冒一些“风险”的，人心隔肚皮嘛！不过，在交友中适当注意观察，热情但不轻浮，坦诚但不轻率，言谈举止恰到好处，都是十分需要的。

6．经过报刊征友拉开网面。

眼下好多学生类刊物都留出一些“位置”专门刊登征友信息，想觅志趣相投、爱好相同的朋友，这也是一条可利用的途径，有意者只要看一些报刊，便能收集到不少“对象”，再加上略作选择，结识的机会还是很多的。

自我管理箴言

我们生活在一个浩瀚的世界，谁也离不开亲人的抚慰、朋友的关怀。信息社会的到来，更使我们不得不对朋友的作用刮目相看。从交际的实际来看，多一个朋友，等于增加了一个信息源，一个反馈系统，一个保护层，简言之，多了一条路。

学会维护自己的交际网

建立好人脉网络仅仅是万里长征走完了第一步，你还要细致地维护你的人脉网络，才不会使其流失。因为你的人脉网络可能对你的一生都起到至关重要的作用，所以人脉网络要花一生的时间去经营与维护。

在生活中，有些人只擅长建立人脉，但不擅长去维护。如果一直这样下去，刚刚建立起的人际关系也不复存在。这是非常可惜的。要想维护人脉，我们最应该学习的就是蜘蛛。在蜘蛛看来，自己的网是生存的工具，如果没有了网，它也就必死无疑。而如果我们能够意识到人脉是关乎“生死攸关”的大事，相信我们会想尽办法来维护我们已经建立起来的人脉关系了。

相信只要你基础打好了，无论遇到什么样的困难，总有人甘愿献身为你“两肋插刀”，帮你渡过难关。然而，如果平时的关系网断了，即使你在事业发展中是处于垂死挣扎的状态，也无人相救。这就是我们所说的要做到“待人如己”。

“平时不烧香，临时抱佛脚”，这是人脉经营的大忌。所以在平时我们就要注意自己的言行，真诚地去关心朋友的感受，主动去联络朋友、去关心别

关系网需要维护

人，并让朋友真正体会到自己的关心。

“没事常聊聊”便是一种很好的方法，当你将此养成了一种习惯，一种很自然的行为，那么在你不知不觉中，你的人脉已经成为你最忠诚的对象。

不管你的公司是大是小，你都是一个老板，所以，“没事常聊聊”所包含的对象就更扩展了一层，没事的时候跟自己私下的朋友常聊聊，更要与政府、供应商、经销商等利益相关群体中的重要部门或人员聊聊，增进彼此的感情。这些很细小的行为，对企业或自己事业的成功都非常有用。

朋友之间的友情，也如同银行业务中的零存整取，平时颗粒归仓，若干年后就拥有了一座自己都难以相信的金库。所以朋友间的关系同样需要维护和经营，平时“老死不相往来”，相当于不存钱；有事才想到要朋友帮忙，相当于要从有限的户头上取钱；只取不存，存折迟早会空的，坐吃山空，再大的金山也有吃完的一天。以这种方式对待朋友，对待自己的人脉，你跟朋友间的感情迟早会枯竭至尽，再次成为陌路之客，这是我们最不愿见到的情况。所以就要跟你的朋友经常保持联系，不断地为你的人脉关系添加润滑剂，使你的人脉关系更牢固，如此一来，你的人脉才能保持时常鲜活，焕发勃勃生机。

自我管理箴言

青少年学生在平时的交往中要下意识地去维护人脉关系。只有将其作为一种习惯，才能“细水长流”。

自我管理基地

交际检测

测试一：你是交际老手吗?

1. 测试导语

无论你自认在人际关系这个领域上只是“新秀”或堪称“老手”，多少还是会有改进的余地。通过以下这些详细的测验，你将清楚地得知自己在人际关系的学历、应用技巧，以及态度的认知上分别可以得到多少分。如果你已经相当不错，这项测验可以让你加深印象；倘若测试结果不甚理想，你也依然能发掘出症结所在，依照书中的指示来改进。

2. 测试开始

请根据你自己的实际情况，认真思考下面的问题，然后从备选答案中选出最符合的一项。

（1）在聚会场合，对从来没见过的新面孔，我总是：

A. 能找到话题与他们交流并成为朋友。

B. 尽管也想和他们成为朋友，但很难找到有效的途径。

C. 一个人独处，不会汴意他们。

（2）我结交朋友的目的是：

A. 朋友能使我的生活更丰富多彩。

B. 朋友们喜欢和我在一起。

C. 朋友能帮助我解决问题。

(3) 你和朋友持续交往的时间一般会有多久：

A. 一般会很久，交往频率也会比较高。

B. 一般较短。

C. 根据现实情况，不断弃旧更新。

(4) 你对曾帮助过你的朋友总是：

A. 将感激时刻铭记在心，并时常向别的朋友提及此事。

B. 认为朋友间互相帮助是理所当然的，不必客气。

C. 时过境迁，就抛在脑后。

(5) 当我遇到困难的事情时：

A. 知道情况的朋友，几乎都曾帮助过我。

B. 只有很知己的朋友帮助我。

C. 几乎没有人帮我。

(6) 你和那些性格、生活方式非常不同的人相处的时候：

A. 适应比较慢。

B. 几乎很难或不能适应。

C. 能很快适应。

(7) 我对异性朋友、同学：

A. 只是在十分必要的情况下才会去接近他们。

B. 几乎和他们没交往。

C. 同他们正常交往。

(8) 对朋友或同学们的劝告、批评，我总是：

A. 有选择地接受一部分。

B. 根本听不进去。

C. 很乐意接受。

(9) 对待朋友，我喜欢：

A. 只赞扬他们的优点。

B. 只批评他们的缺点。

C. 既要赞扬他的优点，也要指出不足或批评他们的缺点。

(10) 在我工作很忙、情绪不好的时候，朋友请我帮忙，我会：

A. 找个合理的借口推辞。

B. 断然拒绝。

C. 尽力而为。

（11）编织自己的人际关系网时，目标会锁定：

A. 上司、有权力的人。

B. 任何我认为的好人。

C. 与自己有相同生活价值观的人。

（12）遇到困难的时候，我会：

A. 向来不求助于人。

B. 只是确实无能为力时，才请朋友帮助。

C. 立刻向朋友求援。

（13）结交朋友的途径一般是：

A. 通过现有朋友介绍。

B. 在各种社交场合和活动中接触。

C. 只是经过较长时间相处了解而结交。

（14）如果朋友做了一件使你不愉快或伤心的事，你会：

A. 以牙还牙，回敬一下。

B. 宽容，原谅。

C. 敬而远之。

（15）你对朋友们的隐私总是：

A. 很感兴趣，热心传播。

B. 从不关心此类事情，即使了解也不告诉旁人。

C. 偶尔感兴趣，会传播。

3. 得分情况分析

题号	1	2	3	4	5	6	7	8	9	10	11	12	13	14	15
A	3	3	3	2	3	2	2	2	2	2	1	1	2	1	1
B	2	1	1	3	2	1	1	1	1	1	2	3	3	3	3
C	1	2	2	1	1	3	3	3	3	3	3	2	1	2	2

4. 心理透析

30～45 分，你具备很好的交友能力，继续努力。

15～30 分，你的交友能力一般，但具备交际潜力，要继续努力。

15 分以下，你应该注意加强自己的人际沟通能力。

测试二：用手机来检测你的人际关系。

1. 测试导语

人际关系是改变人一生命运的好书，人际关系是人之基本社会需求，是可助人自我了解，是可达到自我实践与肯定，是可用于自我鉴定社会心理是否健康的法宝。人际关系其实是一种十分微妙的东西，是无处不在、无时不在的。这种无形的东西已经完全渗透到社会的每一个角落之中，甚至已经渗透到了人的心灵深处，所以，它不但影响着个人的行为，而且也影响和决定着社会的存在，自然也就会影响和决定你的成败。下面就用手机来检测一下自己的人际关系。

2. 测试题目

（1）你现在用着的这部手机，想一想你为它配过几条手机链呢？

A. 只有随机附送的带子，不会再买了。

B. 买了一条。

C. 一共买了两条。

D. 买了至少三条以上。

（2）要是你的手机可以改变图案，你会不会上 WAP 下载图案呢？

A. 不会使用手机图案。

B. 最近换得很勤。

C. 偶尔会。

D. 不花钱上 WAP，只用手机内置图案。

（3）你会买一部什么类型的新手机？

A. 彩屏手机。

B. 功能不用多，最要紧的是方便。

C. 功能时尚丰富，越多越好。

D. 款式不重要，我只想用最便宜的。

(4) 你会选择什么类型的来电铃声?

A. 最新、最 HOT 的流行歌。

B. 选冷门的，因为不想跟别人“撞歌”。

C. 最重要的是旋律动听。

D. 新旧都无所谓，自己喜欢就 OK。

(5) 电影看到一半，突然有电话进来，你会怎么办?

A. 掐断后去看未接来电。

B. 不管它，等它自动断线。

C. 跟对方解释正在看电影，然后挂断。

D. 接听后小声说话。

3. 记分情况

	A	B	C	D
第 1 题	10	1	3	7
第 2 题	10	3	1	7
第 3 题	7	10	3	1
第 4 题	3	10	7	1
第 5 题	10	3	1	7

4. 心理透析

请根据上表计算总分，你的分数是:

A 型 39 分以上: 道德第一

你会以道德和社会常理来衡量事物，但这并不代表你没有信心，你只是将自信收于心底，在必要的时候顾全大局。

B 型 30 ~ 38 分: 优越过人

你爱出风头，有过人的自信和优越感，事事以为自己高人一等，但你有时会过分重视外表，看不见事物真实的一面。

C 型 23 ~ 29 分: 理想万岁

你有不俗的审美眼光，懂得享受生活，事事都希望达到自己心目中的理想目标，但有时会轻视不合自己风格的事物。

D 型 14 ~22 分：盲从附和

肯接受别人意见是好事，但太盲从附和，就会变得没有自我，试着以自己的角度看问题，别再做井底之蛙了。

E 型 13 分以下：过分算计

你很懂得分别事物的利害得失，但无意中会将万事万物分为有利和无利两类，令人觉得你很功利。

第二章　瞬间读心术——火眼金睛识得他人之心

不论你的年纪几何，现有的人生经验也一定会告诉你，这个世界上的人是形形色色的，各有各的特点。因此，当你要拓展人脉时，一定要在脑海里储备一些有关于识人和读心术的知识，当你打算认识某人时，你应该先看看他是不是你想结交的人，然后再决定你是否应该要行动。关于识人和读心术的书籍非常多，本章只介绍最经典、最有效的方法，相信会对你大有帮助。

留意他人的一举一动

在我们生活的这个世界上，无论哪行哪业，只要存在着人与人之间的交往，就离不开对人的心理体察。政治家往往是揣摩心理的高手，而商人为了得到顾客的欢心则更是绞尽脑汁。即使是我们普通人，大到为了成就一番事业，小到为了防止吃亏上当，也都要对人类心理的基本规律有一个大概的掌握。

对人的定位和评价，不是一朝一夕的事。人是始终变化着的，不到最后，就不可轻易下结论。古人有“盖棺论定”之说，这就说明认识一个人是很难的。了解了人的这一特点，可以帮助我们正确看人、识人。对感情和利益的投入都要谨慎，以免因为人的变化而使自己处于被动，蒙受打击和损失。

学会观察人的内心

清代重臣曾国藩是位眼光独到的识才高手。清廷派驻台湾的总督刘铭传就是由他推荐的。刘铭传后来成了建设台湾的大功臣，台湾的第一条铁路便是他督促修建的。刘铭传被任用，还有一则发人深省的小故事：

当李鸿章将刘铭传推荐给曾国藩时，还一起推荐了另外两个书生。曾国藩为了测验他们三人中谁的品格最好，便故意约他们在某个时间到曾府去面谈。可是到了约定的时间，曾国藩却故意不出面，让他们在客厅中等候，暗中却仔细观察他们的态度。只见其他两位都显得很不耐烦似的，不停地抱怨；只有刘铭传一个人安安静静、心平气和地欣赏墙上的字画。后来曾国藩考问他们客厅中的字画，只有刘铭传一人答得出来。

结果刘铭传被推荐为台湾总督。

由此可见，身处人性丛林之中，对人情的变化要加以观察注意，这样才能分清好坏，以决定自己的取舍。生活中，只要根据对方在为人处世时表现出来的蛛丝马迹，再换个角度仔细分析，就能看清这个人的本质。

一个人的内心想法决定着他的行为举止。人的内心千变万化，但还是有迹可循的，只要掌握住人的思想脉络，他便毫无秘密可言，制伏他便会毫不费力。表面的东西是一定要认真识别的，如果被其伪装所迷惑，判断就会有误，方法也会失当，所有的努力都会变得徒劳。

北宋时期，王安石在担任宰相期间，对吕惠卿极为信任，他夸奖吕惠卿说：“吕惠卿办事不打折扣，用心勤勉，他是朝廷中难得的人才，好好栽培他，一定能为国建功。”

吕惠卿其实是个阴险小人，他为了骗取王安石的好感，故意装出一副正直勤恳的模样。一次，他假装气愤地对王安石说：“现在有不少人抵制新法，完全不为国家大计着想，我真不知这些人是何心肠？一个人做官若是只为私利，那他就没有报国之心了。”

王安石最欣赏忧国忧民的人，吕惠卿的假话骗了他，王安石渐渐地把他当做知心朋友对待，和他无话不谈了。

反对变法的大臣司马光被排挤出朝廷，他在离京前给王安石写了几封书信，都是提醒王安石要防范吕惠卿的，他在信上说：“如果认人不准，看人不清，那么将来必受其害。”

王安石认为司马光在挑拨关系，别有用心，并不把他的提醒当回事。他还当面鼓励吕惠卿说：“有不少人说你的坏话，我还是相信你的为人的！大胆地做事好了，我不会约束你的。”

吕惠卿总是找借口和王安石饮酒聊天，王安石说过的一些激进话，吕惠卿则暗中记下，以备他日攻击王安石之用。他把王安石写给他的信一一收好，其中犯忌的话语他都特别摘出，收录成册。

对于这些，王安石毫无察觉。有人在旁看得清楚，对他说："看一个人的品质如何，要看他后半生的表现，这才是准确无误的。你现在有权有势，自然有人会恭维你，这个时候的朋友，未必可靠啊!"

王安石坚信自己识人没错。吕惠卿后来向神宗皇帝上报王安石的"罪证"，神宗皇帝就开始疏远王安石了。

王安石被迫辞职后，吕惠卿公开打击王安石。他把王安石的两个弟弟贬到外地，肆意诬陷王安石危害国家，任人唯亲。王安石十分后悔，却也无济于事了。

王安石错用了吕惠卿，对他的事业造成了不可估量的损失。他只相信自己的眼睛，却不相信旁观者清的事实；他刚愎自用，到头来自食恶果。

这在个纷纭复杂的现实世界里，面对千姿百态、不同面孔的人，我们如何去把握、怎样去认识，这是社交一大课题。然而，我们交朋结友的对象毕竟是人，所以只要拨开人的层层迷雾，对他人洞察入微，细心把握各方面，就一定能够识别出形形色色的人心。

当然，在实际生活中，年轻的我们不可能做到事事都能看清本质，作出准确判断，毕竟良好的观察力和判断力需要时间和经验阅历的积累。我们现在能做到的是：凡事多思考，保持怀疑态度。

自我管理箴言

社会生活中的人际关系可以说是一种"长期的测验"。即使你无意测验别人，但是一个人的一举一动，你都会看在眼里，这些举动的累积，很自然地就会形成你对他的评价。所以，留意别人的一举一动，做到洞悉他人内心，在人际关系之中才会有胜算。

锻炼洞察力，结交益友

一个人的个性可以从许多方面看出来。例如：观察同学会的出席者与参加宴会的人是一件很有趣的事，有人是在宴会开始时才匆忙地进入会场，也有人在会前30分钟就出现在会场等待了。在会前5分钟出现的人和30分钟前才出现的人，性格上绝对有很大的不同。而缴纳费用这样的小事也会在不经意间显示出一个人在心理上的差异：有人会特意准备刚好的数目而不需再找零，有人则故意拿着百元大钞来支付微小的金额。

人们会在自己所保有的物品中无意识地表现出自己，人脉高手都是很懂得从这种无意识的行为中捕捉到对自己有用的信息的！我们来看几件趣事。

1．**洛克菲勒的人物观察法。**

美国的大富豪之一——洛克菲勒集团的创始人乔治·洛克菲勒，据说是个常在对方毫无防备状态下观察对方个性的人。例如：观察同事就可以了解他正处于何种情况，或者从对方应对的方式来确认他来自哪一种环境，进而透视对方的真面目。甚至在假日时出其不意地拜访员工的家，看看他书架上摆了哪些书，就可以知道他的兴趣所在。

锻炼洞察力让你更懂交际

2．**绅士闻声识人才。**

下面是日本企业家大宅壮一在他尚未成名时所发生的事。

有一次，大宅壮一到某个温泉胜地去旅行，他在旅馆的浴室中不时用着大嗓门对朋友说话，后来当他回到房间时，突然有位不认识的绅士来访，那绅士说：“刚才在浴室内大声说话的人是你吗?”一听到大宅壮一回答“是”时，绅士便向大宅壮一说：“像你这种声音的人，将来一定能成功。”这位绅士只听到大宅壮一在浴室中说话的声音，就发现他的声音与普通人不一样，预测他将来会是个大人物。

3. **野间清治对人性的体会。**

日本知名出版社“讲谈社”的创始人野间清治，也是个善于发掘人才并协助其发展的企业家。他在1933年出版的《迈向成功之路》的著作中这样写道：“如果想让事业有所成就，就该致力于发掘人才。网罗人才对于一个企业是非常重要的，成功的要诀就在于此。”

野间清治认为每一个人都有未发挥出来的长处与经验，这就要看企业家有没有给予员工机会，让他们发挥了。

自我管理箴言

优秀的人都有卓越的洞察力，也许他们是天生就有的对人的敏感。不过，我们普通人可以通过后天的锻炼来具备这种洞察力。练就识人术，就可以先看人品，再决定是不是要交朋友了。

话语中读懂他人内心

一个人应该有敏锐的观察力与良好的判断力才能穿透对方的表面现象，发现对方隐藏在内心的实情。测度他人需要很强的判断力和观察力，而观察人的品性、气质也很复杂。

对方的身份、地位不同，你说话的语气、方式以及办事的方法也应有所区别。如果不明白这一点，对什么人都是一视同仁则可能会被对方视为没大没小，无尊无卑。尤其当对方是身份地位比你高的人，会认为你没有教养，不懂规矩，因而他不喜欢听你的话，不愿帮你的忙，甚至有意为难你，这样就可能阻碍了自己办事的路子，使所办之事遇到障碍。

其实最糟糕的事情莫过于认错人。洞察人的气质，分辨人的性情，不是三言两语能够说清楚的，这是非常微妙的事情。俗话说："听话听音，锣鼓听声。"一个人的言辞能够透露一个人的品格，一个人的行为能够透露的东西更多希望在某个方面有所收获，特别需要小心谨慎，要具备极强的观察力和鉴别力。

南宋时期，岳飞奉朝廷之命到洞庭湖围剿起义的杨么，军队驻扎在洞庭湖畔。第二天来了两员将领，声称是杨么手下部将，因慑服于岳家军的声威，特来投降的，并带给岳飞许多有关杨么的军事情报。

在话语中可审视他人内心

岳飞安置好了两人，便一心一意训练部队。训练中两名降将表现得十分出色，岳飞便把两人都提为总兵之职，让他们带领军队。同时把作战计划告诉两人，声明中秋节全军休整，中秋节后即发兵攻打杨么的水寨。

中秋节之夜，岳飞命人带着另外一支军队突袭杨么的水寨，寨中军队毫无防备，岳军长驱直入，杨么被打得大败。

原来，岳飞第一次见面就看出两位降将是诈降，借机来刺探自己军事情报的，便将计就计，把虚假的情报告诉两人，让他们把假情报送回去，麻痹对方，然后趁机突然袭击。以最少的力量牵制对方军队。使其按自己部署行动，这种巧用谎言诈术的手段也成为借力打人的奇妙典范。

将计就计最关键的两个环节首先是识破对方的谎言，然后让对方相信自己已被他的谎言骗住了，这样，才可能行使计谋。如果不能识破对方的谎言，就会被对方欺骗；如果不能使对方确信自己已经受骗，对方就会起防备之心，再使计谋就达不到效果了。

识破对方的谎言固然需要智慧、需要机敏，但稍微具备防骗意识和警惕性的人几乎都可以做到。困难在于如何装出一副已受骗的模样来，这是将计就计的关键，那种大智若愚、装傻弄痴的样子可不是人人都能做得天衣无缝的，它需要更加周密的思考、精心的策划、巧妙的掩饰与装扮。因此，它对一个人的心智提出更高的要求。

伊索寓言中有这样一则故事，说明了识人不清的危害。

山鹰与狐狸结为好友，为了更加巩固友谊，它们决定住在一起。

于是鹰飞到一棵高树上面，筑起巢孵育后代，狐狸则走进树下的灌木丛中间，挖个洞生儿育女。这样过了很长一段时间。一天，狐狸外出觅食，鹰也正好断了炊。山鹰就飞入灌木丛中把幼小的狐狸抢走，与雏鹰一起饱餐一顿。狐狸回来后，发现山鹰偷吃了它的儿女，极为悲痛。可是它无法报仇，因为它是走兽，只能在地上跑，不能去追逐会飞的山鹰。

观察一个人，除了他的外貌以外，还包括印象和名气。有的人名气很大却华而不实，徒有虚名，对这种人就要善于识破他。

在生活中，小人无时不在，只是小人们的表现有所不同：古代社会中，小人们见利忘义，好造事端，而现代社会中，小人们追逐名利，欺世盗名，这就要求我们要仔细去识别他们。

从一个人的言谈中可以洞察人的内心世界，一般来说，如果对某人心怀不满，或者持有敌意态度的时候，许多人的说话速度变得很迟缓。相反，如果有愧于心，或者有意要撒谎，说话速度自然会变快起来。

说话的速度忽然比平常缓慢，那就是表示对方怀有不满或敌意。说话速度是一种特征，是一个人与生俱来的气质，是在平日与人交往中锻炼形成的，但是异常的说话速度常常与内心的思想有很深的联系。比如，平时能说善辩的人，突然变得口吃起来；或者相反，平时说话不得要领的人，突然说得头头是道，这就要注意，是否发生了什么事情影响他们，以致他们心里面发生了重大变化。

自我管理箴言

一般人对自己不满或怀有敌意的人，因为不愿交往，说话速度会不自觉地放慢，甚至让人感到好像不大会说话。相反，当有人心怀鬼胎或想要说谎，说话的速度往往会快得惊人，特别是想取得对方谅解时，不仅速度加快，还会找些话题以图亲近。

眼睛是不会说谎的器官

爱默生说："人的眼睛和舌头所说的话一样多，不需要字典，却能从眼睛的语言中了解整个世界。"所以，通过观察一个人丰富的眼睛语言，在某种程度上也可以对他有一个大致的了解和认识。

孟子在《离娄上》篇中有一段用眼睛判断人心善恶的论述："存乎人者，

莫良于眸子。眸子不能掩其恶。胸中正，则眸子了焉；胸中不正，则眸子眊焉。”

西汉末年，王莽在朝为官，在他未篡位之前，一直给人的印象是勤劳肯干，节俭自律。但是新升任司空的彭宣看到王莽之后，悄悄地对大儿子说：

“王莽神清而朗，气很足，但是眼神中带有邪狭的味道，专权后可能要坏事。我又不肯附庸他，这官不做也罢。”于是上书，称自己“昏乱遗忘，乞骸骨归乡里”。

后来，王莽果然篡权，建立“大新”，成为乱臣贼子。一般来说，心虚的人，往往不敢直视别人的眼睛，本能地躲闪他人的注视。

东汉末年，有一次曹操派刺客去见刘备，刺客见到刘备之后，并没有当时下手，并且与刘备讨论削弱魏国的策略，他的分析，极合刘备的意思。

不久之后，诸葛亮进来，刺客很心虚，便托词上厕所。刘备对诸葛亮说：

“刚才得到一位奇士，可以帮助我们攻打曹操的势力。”

诸葛亮却慢慢地叹道：

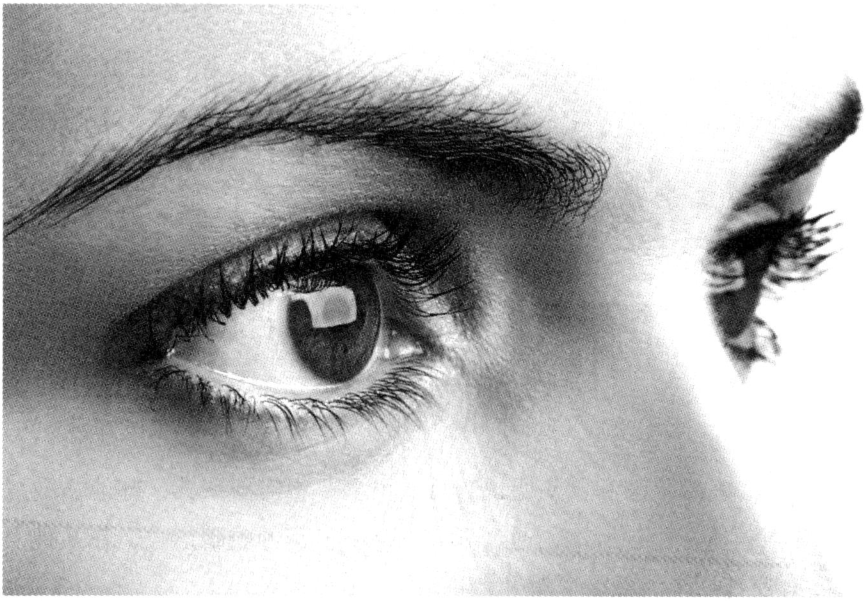

眼睛是不会说谎的器官

“此人见我一到，神情良惧，视线低而时时露出忤逆之意，奸邪之形完全泄露出来，他一定是个刺客。”

于是，刘备连忙派人追出去，刺客已经跳墙远去了。

心理学家珍·登布列在《推销员如何了解顾客的心理》一文中说道：

“假如一个顾客眼睛向前看，而脸转向旁边，表示你被拒绝了；如果他的嘴是放松的，没有机械式的笑容，下颚向前，他可能会考虑你的提议；假如他注视你的眼睛几秒，嘴角乃至鼻子的部位带着浅浅的笑意，笑意轻松，而且看起来很热心，这个买卖大概就有戏了。”

人们常说，眼睛是心灵的窗户。要读一个人，首先就要读他的眼睛。因为眼睛是最不会说谎的器官。

眼睛是心灵的天窗，而我们的这扇天窗无时无刻都在向外界传播着你内心世界的种种信息。如果你在路上或人群中行走，双目直视前方，旁若无人，对任何事情都熟视无睹，那么通过你的眼睛所传播的信息就是“我是一个高傲的人，一个了不起的人”。相反，当你不停地左顾右盼，目光游离，那么你的目光会告诉大家：“我心中有事”或“心怀不轨”……

1. **向上展自信。**

谈话时视线略为上扬的人，通常对自己的地位或能力充满自信，性格也属于外向而强悍的类型。通常会表现出这种视线。视线略为上扬的人多见于官员或公司高级主管。

2. **向下为示弱。**

一般而言，视线略为朝下或一接触对方的眼睛就悄然地移开视线，是认为在年龄上或社会地位上，对方位于高位或认定其为强悍之人的，因而在谈话时多半会带有一种紧张感。在这种场合，手、脚的动作或坐的方式，无形中会显得别扭，这种人多半是属于温和而内向的性格。

学会看懂他人眼神

3. 左右表排斥。

眼神往左或右岔开，有时是排斥的心理或下意识中对对方不怀好感的象征。譬如，某男子向女子搭讪，而女子对该男子没有好感甚至莫名地感到厌恶时，会自然地将视线往左或右岔开。

4. 茫然乃冷淡。

精神混乱或失去安定感抑或心不在焉时，会出现茫然呆滞的眼神。而对他人的谈话毫不关心时也会出现这种眼神。

5. 凝视显敌意。

牢牢地盯住某一点而凝视不动的眼神，具有非常深刻的意义。当受到严重的打击或带着强烈的敌对心理时，往往会出现这样的眼神。

6. 看穿对方眼神。

观察初次见面者或顾客的眼神，从而看出对方是否具有冲劲或购买欲，从科学的角度而言已非莫须有之谈。根据眼睛张开的程度与视线方向，可将眼睛表情分为以下五种类型：

（1）眼睛的张合正常，不特别用力而视线朝向正前方，这是最自然的状态。但是，根据嘴的表情，又可作出不同的判断。紧闭双唇是冷静而注意力集中。微微张口则显得有气无力。

（2）眼睛依平常方式张开，视线略为上扬。虽处于恍惚状，却具有极高的欲望。说明其目的模糊，因进退维谷而烦恼。尤其是双手下垂，更令人觉得其处于恍惚状态。

（3）睁大眼睛闪闪发亮，眼球略微凸出，视线朝向正面是注意力集中的状态，说明对对方非常关心而欲望也强。另一面也具有警戒心，若是女性通常带有轻蔑的态度。

（4）眼球凸出，眼皮紧绷，眨眼次数减少，视线朝向正面是高度的紧张状态。说明其心具有意外感、恐惧感。握紧拳头或将手搭在嘴边，是心绪极为混乱的状态，也带有强烈的失望感。

（5）眯起眼睛似乎要合上眼皮，视线朝向下方是注意力散漫或恍惚状态。女性与男性接吻时通常会有这种表情。

自我管理箴言

仔细观察谈话者的眼神，会有许多有趣发现。如果留意初次见面者观看自己的眼睛，可从中分出不同类型。不同的心理状态，会使眼睛产生变化。

身体姿势看出内心世界

肢体语言又称身体语言，是指经由身体的各种动作，从而代替语言借以达到表情达意的沟通目的。

广义言之，肢体语言也包括面部表情；狭义言之，肢体语言只包括身体与四肢所表达的意义。

关于用肢体来表达情绪，我们最容易想到的就是：如果兴奋就会鼓掌，如果生气就会顿足，如果焦虑就会搓手……当别人有异样的肢体动作时，我们会“读”出他此时此刻的心情。

由肢体动作表达情绪时，当事人经常并不自知。当我们与人谈话时，时而蹙额，时而摇头，时而摆动手势，时而两腿交叉，我们多半并不自知。正因如此，心理学家提出一个如下的假设：当你与人说真话的时候，你的身体将与对方接近；当你与人说假话的时候，你的身体将与对方疏远。此一假设验证的结果发现：如果要求不同受试者，分别与别人陈述明知是编造的假话与正确的事实时，说假话的受试者会不自觉地与对方保持较远的距离，而且显得身体向后靠，肢体的活动较少，唯面部笑容反而增多。

一个人要向外界传达完整的信息，单纯的语言成分只占7%，声调占

38%，另外55%的信息都需要由非语言的体态来传达，而且因为肢体语言通常是一个人下意识的举动，所以，它很少具有欺骗性。

在一个非常严肃的面试场合，Susan正在紧张地做着准备。这个面试会综合考评一个人的人际关系、沟通技巧、职业素养，最强调的是客服方面的能力。在Susan之前，的确有一个漂亮姑娘给了她很大的挑战，那位姑娘非常机敏，但是表现并不好，她语言不多，而且身体语言一点儿也没为她加分。她握手时只用指尖轻轻一握，和面试考官基本没有眼神交流。细节之处似乎流露出一些傲慢，感觉对面试大局充分把握。相比之下，Susan在面试时身体语言就很适度而且丰富，她表现得很谦虚，这一点，让她在面试中大占优势。

很多研究交际能力的专家说，在面试中，除了言语表达之外，很重要的一个考核因素就是肢体语言，也就是非语言交流。相对于话语来说，肢体语言具有独立性，但往往又是伴随语言产生的，主要通过面部表情、眼神接触、手势、站立姿势和态度等传达出来。其实，在很多情况下，肢体语言是潜意识的，或许并不是人们刻意做出来的。但它能够把人们一些无法言说的事情“透露”给了听众。

1. **从坐姿看出他人的个性。**

有一位权威的心理卫生专家经过测验认为，坐姿可以显露出一个人的个性。正因为坐姿也能显示人们的某种性格，所以如果你能注意观察一个人在日常生活中的坐姿，就可以对其性格特征、心理活动等等作出判定。

在我国的著名京剧曲段《智取威虎山》中，杨子荣初见坐山雕时，看到坐山雕跷起二郎腿，端坐在老虎椅上。杨子荣凭借自己多年的侦察员经验，揣测出坐山雕的心理活动，知道他这样的坐姿所要表现的是居高临下的优势，并以此气势来威慑自己，探听出自己的来路和虚实。

（1）如果一个人与别人的身体侵犯的范围程度越大，表明他是一个愿意与人沟通的人，同时也可以表现出谈话的两个人彼此之间关系亲密。

（2）有意避开别人身体范围的人，说明他在心理上有抵触情绪。

（3）单方面侵犯对方身体范围的人，是想压倒对方或是想讨好对方。

（4）想坐在其他人旁边的人比想坐在对面的人，对其在心理上更有好感。

（5）坐在对面的人比坐在旁边的人更想让对方了解自己。

（6）如果在旁边的人突然扭动身体想面朝着对方，这预示着对对方有不解之处或新的兴趣。

（7）在房间内对着门坐的人，权力意识会表现得很强，同时又非常小心、谨慎。

（8）背对着房门坐着的人，在心理上处于劣势，而且比较胆怯。

（9）深深坐在椅子上的人，在心理上处于优势或想处于优势。

（10）轻轻坐在椅子上的人，无意识中想对对方表示恭顺之意，或是对对方的话感到强烈的兴趣。

（11）盘腿坐在椅子上的人，有不想输给对方的对抗意识。

（12）从女人的坐相，能看出她的个性。

①踝部交叉坐着的：这是讲究文雅的姿态。她们喜欢新奇的小东西，并且重视社交礼仪，所以她们易于博得朋友的好感。

②膝部交叉坐着的：这是高贵、端庄、贤淑的坐姿。就外观而言，她们显得全身平和愉快而亲切。对其内在的观测，心理学家认为这些女性是持重的，她们似乎在提防异性搜索的眼光。

③两腿贴成一片的：这是坦白、庄严和忠实的表现，证明她们具有强大的掌握力，对于管家及款待丈夫，都会有良好的成绩。

④两腿扭在一起的：这是内心迷茫不安和焦急的一种反映，也表示她们爱追求十全十美的事物。这类女性显然力争上游，应付任何事情都小心翼翼，尤其品性的外露，含有一种使人怜爱的成分，最易博取诚实朋友的同情。

⑤爱将一条腿搁在椅子上的：这类坐姿虽不雅观，可这种人的身份至为尊重。她们是让人怜爱的妻子，管家有秩序而且节约，因为她们的品格倾向是理智重于情感的。

⑥摇曳型像随风杨柳，左摇右摆，前顾后盼的：这种人的性格是好装腔作势，做事不肯负责，气量狭隘奸诈，善谄媚。

现在，你是否已经知道了我们在与他人交流沟通的过程中，哪些动作和姿势所传递出来的究竟是怎么样的信息呢？再试想一下，如果我们在与他人交流和沟通的过程中，能透过这些看到对方的心理，又怎么能不在交流和沟通的过程中掌握主动。并且在我们熟知了这些秘密之后，将它恰当地运用到自己与人交往之中，又怎么能不会对对方产生影响，促使交流和沟通顺利进行呢？看来，坐其实不单是坐在椅子上那么简单，人坐下以后伴随而生的那些手部和脚部动作结合到不同的坐姿里面，往往含有极大的心理暗示和参考作用，这些不同的坐姿也往往显示了不同人物的社会地位、性格特征，掌握和破解这些坐姿的技巧，我们手里无疑又多了一把通向成功交际的钥匙。

2. **睡姿显露性格。**

睡觉是一件非常惬意的事情，但就是在特别放松的状态下，我们才最容易窥测出一个人内心层次的个性和不为人知的秘密。

（1）趴睡——肚子朝下。

如果一个人一整晚趴着睡，他可能是个心胸狭窄，并且相当地以自我为中心。他一直强迫别人适应自己的需求，认为自己所要的就是别人想要的，可能是根本不在乎别人的感觉，或者以散漫的态度来对待这种感觉。

（2）平躺——双臂枕在后脑勺。

这样的人可能有着高度的智能和学习的热诚。然而有时却容易有荒诞的想法，让人很难理解。

（3）平躺——四肢呈大字形平躺着。

具有这样姿势睡觉的人，容易展现出真诚的个性。是一个令人感觉到舒适的爱人和美的崇拜者。

（4）平躺——交叉跷着二郎腿。

有这种双腿交叉睡姿的人通常都很自恋，会习惯于生活当中固有的模式，所以很难去接受生活上的变化，喜欢独处。

（5）侧睡——蜷缩着身体。

具有这种睡姿的人，明显没有安全感。会产生自私、妒忌和报复的心

睡姿显露性格

态，非常容易发脾气。所以围绕在他身旁的人们都要非常小心，避免去触动他的痛处，而激怒了他。

（6）侧睡——躺在胳臂上。

与身体蜷缩的睡姿相反，这样的人是一个温文有礼、诚恳可爱的人。比较容易相处。

（7）侧睡——弯曲一只膝盖。

这样的人的个性有点倾向于容易大惊小怪而且难以取悦。而且喜欢发牢骚、埋怨，不容易与人相处得来。

（8）侧睡——躺在一边。

这种睡姿显示出你是一个有自信的人。由于你的努力不辍，不管你做什么事都会成功。这种人枕着他们习惯的臂膀侧睡。这种姿势代表他们将会变成一个有权势的有钱人。

（9）其他姿势——将棉被从头盖到脚。

具有这种睡觉姿势的人，在公共场合会表现得落落大方、非常率直、大而化之的个性，但在他们内心深处埋藏着害羞与软弱。这种人如果遭遇到困难重重的问题，宁愿自己承受这种痛苦烦恼的煎熬，而不愿开口求人帮忙。

如果你不属于以上的各种类型。现在的你，心中并没有特别烦恼或想不开的心事，你自得其乐，并不强求爱情，也可以说是你的情缘未到。所以可以一视同仁地对待同性和异性的朋友，你们在友情的范围内相处得很愉快。

自我管理箴言

要提醒你的是，肢体语言并不能表达全部，无论如何，不要忘了语言本身的价值。

衣着打扮中的性格透视

我们身边的人，有不同的衣着打扮，你是否注意到他们的打扮正反映着他们的性格。

1. 套装型：在生活中，如果经常看到穿西装的男士和经常穿套裙的女士，你应该明白他们肯定做事有条不紊，永远把事业放在中心位置。但是也有例外，那就是不得不穿套装工作的人。

2. 潮流型：喜欢穿潮流衣服的人往往站在潮流尖端，选择衣服不是依

衣着打扮可以透视他人品行

据自己的风格，而是依据它们是不是流行。总之是流行什么穿什么。个性和优点在这种人身上无法体现，他们只是希望从衣着上体现自己的与众不同。要想使这样的人高兴，就得夸奖他们的衣服时尚，认为他们是“时尚达人”。

3. 运动型：喜欢穿运动服的人一般都喜欢运动，而且会有充沛的精力。在生活和工作中，他们积极主动。即使失败了，恒心和毅力也会支持着他们重整旗鼓，迎接新的挑战。所以，这种性格的人令人信赖。如果想跟这种类型的人交朋友，最好的办法就是喜欢运动。

4. 舒服型：有些人喜欢穿休闲服饰，他们不追求时尚，但要求合体舒适。生活中的这些人往往随遇而安，对什么事情都没有特别的要求。他们不喜欢麻烦人，但喜欢帮助人，所以容易赢得好的人缘。如果想与这样的人交朋友，就要多关心他们。

5. 名牌型：买衣服只讲求名牌，不是名牌就不穿的人，一种是娇生惯养，家里比较富有；一种是扮高贵，要令人觉得自己富贵。这两种人的自尊心非常强，非常爱面子。他们一方面很挥霍，不觉得钱是什么东西，但他们最重要的就是缺钱，因为没有大量的金钱，就无法支撑他们的生活。如果与这类型的人在一起，一定不可以送便宜的东西给他们，因为这种人真的很现实。

自我管理箴言

纵然生活中的每个人都有自己的穿衣风格，但在很多时候也是需要改变的，这与出现的场合很有关系。例如一个喜欢穿运动服的人在出席正式场合的时候也要穿西装、打领带，因为这是最基本的礼貌问题。所以，关于人的穿衣问题还是要具体事情具体对待。

从提的包中巧识他人

提包在人们的工作、生活和学习中是非常重要的一件物品，很多时候它几乎与人形影不离，人走到哪里，它们也随之被带到哪里，而且很多人选择某一个包都会用来搭配多种衣服，换个角度说，手提包比衣服更稳定地折射出一个人的性格。正是因为提包具有如此重要的作用，所以它们在一定程度上可以向外界表达一定的信息，我们可以通过提包来认识提包的主人。

我们在工作、生活中会接触到形形色色的人，在与他们见面的时候会看到他们所拿的提包。我们可以根据提包的式样来判断对方是一个什么样的人。一般来说，选择的提包比较大众化的人，其性格也比较大众化，或者说没有什么特别鲜明的、属于自己的个性。他们在很多时候都是随大流，大家都这样选择，所以他也这样选择，没有自己的看法，目光和思想都比较平庸和狭窄。

想做一个人脉达人，从提包上准确判断对方，需要掌握下面的一些知识：

1. 喜欢休闲式提包的人。

喜欢休闲式提包的人所从事的工作往往具有很大的收缩性，并且也有非常大的自由活动空间。另外，据观察，这种类型的人一般都懂得享受生活。他们往往能做到随遇而安，对自己和他人都不会有苛刻的要求。但这不代表他们没有上进心，相反这代表的是他们积极乐观的生活态度，有着切合实际的奋斗目标，把任何事情都安排得井井有条，工作与休闲并重，什么都不耽误。

2. 喜欢公文包的人。

如果你身边有喜欢提公文包的人，想必他的工作是非常正式的。要么是某个企事业单位的总经理，要么是一个正规单位的普通职员。公文包代表了他的工作需要，但也能从侧面反映一个人的处事风格。这种类型的人一般做事谨慎，对自己和他人要求苛刻。但相比之下，对自己的要求更高。

3. 喜欢方形提包的人。

在时尚界，很多人都会提有小把手的方形或长方形的手提包，其实它不能当做正常的包来使用，只是一种装饰品。喜欢这种提包的人，无论在生活中还是工作中，往往是顺风顺水，没有经历什么大灾大难。

4. 喜欢肩带式手提包的人。

那些有着独立性格的人往往喜欢中型肩带式手提包。虽然能够在很多事情上做到独立，但在一些言谈举止方面是非常保守的。他们有一定的自由空间，生活相对安逸。

5. 喜欢小巧精致的手提包的人。

在现实生活中，我们发现小女孩喜欢非常小巧精致，但不实用、装不了什么东西的手提包。但有时候也能发现上了年纪的妇女使用。这体现出了她们积极乐观的生活态度，憧憬着美好的未来。

6. 喜欢浓郁的民族风的味手提包的人。

比较喜欢具有浓郁的民族风味、地方特色的小提包的人，自主意识比较强，是个人主义者。他们个性突出，往往有着与别人截然不同的衣着打扮、思维方式等等，有些时候表现得与他人格格不入，所以对于营造良好的人际关系存在着一定的困难。

7. 喜欢超大型手提包的人。

喜欢超大型手提包的人，性格多是那种自由自在、无拘无束的，他们很容易与他人建立某种特殊的关系，也会很容易就破裂，这也是由他们的性格所决定的，因为他们的生活态度太散漫，缺乏必要的责任感。显然他们自己感觉无所谓，但并不是所有人都能接受和容忍的。

8. 喜欢金属制手提包的人。

喜欢金属制手提包的人，多是比较敏感的，能够很快跟上时代的脚步，他们对新鲜事物的接受能力是很强的。但是这一类型的人在很多时候自己并不肯轻易付出，而总是希望别人能够付出。

9. 喜欢中性色系手提包的人。

喜欢中性色系手提包的人，其表现欲望并不是很强烈，他们不希望被人注意，目的是缓减压力。在对待别人方面，也喜欢保持相对中立的立场。

10. 不习惯于带手提包的人。

然而也有很多不喜欢带手提包的人。这样人的性格不能泛泛而论，应当区别说明。不带手提包的无非有两种人：一种是比较懒惰的人，认为拿包是一种负担；另一种则是认为手提包会给自己很多事情带来不便，有着较强的自主意识。然而两者的相同之处就是都认为提包是一种负担，但同时也会给人感觉有不负责任之嫌。

欢男性化皮包的女性，个性都比较坚强

11. 喜欢男性化皮包的女性

喜欢男性化皮包的女性都是比较坚强、剽悍、能干的，并且趋于外向化。

如果你有幸看到她们手提包的“内容”，你会发现里面是杂乱无序的。可见她们的生活也是杂乱无章的。她们推崇“随便”的生活态度，任何事情怎么样都行，所以做事比较费劲，没有明确的目标。但是一旦与她们交往，你就会发现她们热情而亲切，但由于“无所谓”的态度已经养成，所以往往不合他人心意，最后处于尴尬境地。

而那些提包内的各种东西摆放得层次分明的女性，在生活中肯定也是非常有原则性的。一般而言，她们做事认真，积极进取，待人真诚，有着较强的组织能力，往往是人们眼中的“女强人”，但她们也并非完美，其缺点是做事过于呆板、较劲。

自我管理箴言

我们在与他人打交道的过程中，如果能从他的包入手，通过观察和分析了解到他的爱好和品性，就可以迅速找到一些恰当的话题与其攀谈，在一种比较愉悦的氛围中抓住他们的心，从而顺利拉近关系。

掌握几种识人方法

我们也经常可以看到一些算命先生在大街上摆着个摊子算一个人的生辰八字、后世今生。且不论真假，还是有这么一回事，识人之术可以通过一些细节窥见端倪的。

1. **从德识上认人。**

这些品德的评价可以从旁人口中获得，也可以从日久天长的接触中体会得到。某个相亲节目里，只要 VCR 中采访男嘉宾的亲朋好友，现场的女嘉宾就会纷纷灭灯，都是因为亲朋好友对其品德的“直言不讳”坏了事。一个人的品德是人格之王，也是考量一个人的根本。

2. **从志趣上去识别人才。**

交际中要掌握识人方法

一个人的爱好、兴趣体现了他的价值观，是衡量一个人品位是否高尚的重要方面。曾看过的一部电影中有这样一个细节，一个侠客的剑上镶有宝石，且喜欢品茗，故而得出这人有耽于享乐之嫌，比起其他闲云野鹤的侠客来得现实。同样，如果是选择行政人才，就要看官气重不重。什么是官气呢？官气就是喜欢讲资格、排场，而且自己不愿意做实事，吃不了苦，不愿意到基层去。官气多一分，血性就少一分，这样的人不能用。对文人，也就是“知识分子”，好说“大话”者不可重用，因为爱说大话的人往往把事情看得太容易。

3. **从修为上识人。**

一个人的品行是能够通过修炼来提高的。那种谦虚且喜怒不形于色的是成熟的人，因为他们会控制自己的脾气；心里面不只是想到自己，更会去关心他人的人，一般都有悲悯之心且不自私；和做事情有着落的人交往，他们往往是一言九鼎，做事也很叫人放心，但如果做事情有头无尾或虎头蛇尾的这种人，则通常成不了大事。

4. **从小事上识人。**

世界上绝大多数的学问都蕴涵在我们日常的家庭小事中。一屋不扫，何以扫天下？连小事都做不好的人是很难委以重任的，因为他们缺乏做大事的耐性。

5. **从所处圈子上识人。**

首先是家教，家庭背景好的人一般都比较知书达理，有句话说得好，学琴的孩子不会学坏，家庭平时的耳濡目染是有影响的。朋友圈子中都是成功人士，这类人也会让他人感觉可靠，因为他身上肯定有值得成功人士深交的优点和特质。

6. **面相。**

这个面相说得更多的是一个人的精气神，一个人的精神状态。那种病恹恹、有气无力的人就是再有能力、再有品质，遇到具体的事他也会搞不定。因为周围的人感受不到他的热情和活力。所以，要让对方深信你是一个可以托付之人，从现在起，用你的激情、蓬勃向上的精神状态，去赢得宝贵的机遇。

7. **识小人。**

身边的小人为了获取他们的利益，往往会以高明的方式掩饰自己，有时会使你轻易相信他们，这就要求你必须掌握辨识人的原则和方法。在你与一个人最初的接触时，必须对他进行全面细致的观察，用已经掌握的方法辨识对方，不要一味地给自己设定任何假设，比如对方性格开朗，心地善良之类，因为用自己的主观意愿去判断人，经常会出现严重失误，而且还会让对方利用你的善良达到他们自己不可告人的目的。

如何从外部特征来辨识小人和君子呢？古人曾经给出过一些具体方法，比如“士有严而不肖者，有温良而为盗者，有外貌恭敬中心欺慢者，有精精而无情者，有威威而无成者，有如敢断而不能断者，有恍恍惚惚而反忠实者，有倭倭拖拖而有效者，有貌勇狠而内怯者，有梦梦而反易人者。无使不至，无使不遂，天下所贱，圣人所责，凡人莫知，惟有大明，乃见其际”。（《六韬·龙韬·选将》）据说，这话是姜太公说的。姜太公从几个方面分析了人的外貌和本质的关系，按他的话理解就是如下的意思：有的人看似庄重，而实际上却并不正派；有的人看似老实敦厚，而实际上却是盗贼；有的人表面上对你恭恭敬敬，而实际上却在心里诅咒你，对你十分轻蔑；有的人貌似聚精会神、专心致志，而实际上却是三心二意、心猿意马；有的人表面上风风火火，似乎忙得不可开交，而实际上却是无所事事，一事无成；有的人表面果敢明断，而实际上却犹豫不决；有的人貌似稀里糊涂、懵懵懂懂，而事实上却是忠诚老实；有的人表面上拖拖拉拉，而实际上却是效率很高；有的人貌似狠辣，而实际上则是内心怯懦；有的人自己迷迷糊糊，却看不起别人；有的人能力很强，无所不通，天下人却轻视他，只有圣人推崇他。普通人不能真正了解他，只有见解深刻的人，才能辨别其真相。

自我管理箴言

思想指导人的行动，但有些人的言行并不一致，所以不仅要听其言，还必须观其行。掌握一定的识人方法，识别别人的行为，有利于自己交到更真诚的朋友。

自我管理基地：

交际检测

测试一：你在别人眼中是怎样的人。

1. 测试导语。

你是一个怎样的人？单凭自我感觉未必准确。知道在别人眼中你是个怎样的人，才会帮你更好地认识自己。下面的测试会帮你了解你在别人眼中是怎样的人。请在每一问题的后面选择最适合自己的一项。

2. 测试开始。

（1）在一天之中的哪个时段里，你觉得自己的状态最好？

A. 早晨。　B. 下午接近黄昏时。　C. 晚上。

（2）你走路的步伐通常是怎样的？

A. 以大步伐快走。　B. 以小步伐快走。

C. 抬头挺胸，以较慢的步伐环顾四处人群。

D. 低着头，快步向前。　E. 非常慢。

（3）通常与别人交谈时，你会用什么姿势？

A. 站立，并且双手交叉。　B. 紧握双手。

C. 将单手或双手放在屁股上。　D. 触碰正与你交谈的人。

E. 挠耳朵、摸下巴或者整理头发。

（4）当你放松时，你的坐姿是怎样的？

A. 屈膝，并且双脚并拢。　B. 双脚交叉。

C. 双脚伸直。　D. 一脚弯曲。

（5）遇到觉得好笑的事，你的笑声是怎样的？

A. 尽情大笑。　B. 咧开嘴笑，但不至于太大声。

C. 私下窃笑。　D. 开口微笑。

E. 抿嘴微笑。

(6) 当你出席社交场合时，你会怎样？

A. 制造噱头，从而吸引每个人的注意。

B. 静静地入席，快速找个认识的人交谈。

C. 尽可能地躲开人群，而且待在一个没有人会注意到的角落。

交往时学会审视自己

(7) 当你专心投入工作时，突然被中途打扰了，你的反应怎样？

A. 不在意。　B. 非常恼怒。

C. 介于两者之间。

(8) 你最喜欢的颜色是什么？

A. 红或橘。　B. 黑。　C. 黄或浅蓝。　D. 绿。

E. 深蓝或紫红。　F. 白。　G. 棕、灰或紫

(9) 晚上进入梦乡前的片刻，你躺着的姿势是怎样的？

A. 背伸直。　B. 头奋拉着，背部靠在靠枕上。

C. 蜷起身体侧躺。　D. 头枕着手。　E. 把头塞入被子里

(10) 你经常梦到怎样的情境？

A. 坠落。　B. 反抗与挣扎。

C. 寻找某人或某物。　D. 飞行或漂浮。

E. 很少做梦。　F. 都是愉快的梦。

3. 记分标准。

先按照下表给出的分数统计总得分。

选项 题号	A	B	C	D	E	F	G
1	2	4	6				

题号＼选项	A	B	C	D	E	F	G
2	6	4	7	2	1		
3	4	2	5	7	6		
4	4	6	2	1			
5	6	4	3	5	2		
6	6	4	2				
7	6	2	4				
8	6	7	5	4	3	2	1
9	7	6	4	2	1		
10	7	2	3	5	9	1	

4. 心理透析。

21 分以下：在别人眼里，你是一个害羞、容易紧张、优柔寡断的人。你需要被照顾，遇事总是要别人来作决定，而且从不想个人以外的任何人或事，唯恐惹是生非。别人会把你当成是一个杞人忧天者，感到你常担心一些不存在的问题；也有人认为你是毫无趣味的人；只有很了解你的人，才认为你不是如此“窝囊”。你的问题就在于自我封闭太严重，从不让过多的人靠近你。

21～30 分：在别人眼里，你是一个稳重而勤劳的人。他们觉得你做事的态度非常小心谨慎，认真细致，很少出差错。假如你做事冲动或只有三分钟热度，那将会十分令人惊讶。在朋友们看来，你会从每一个角度小心地审视每一件事，然后，通常你会投反对票。他们觉得你作出这样的反应，一方面是因为你谨慎的本性，另一方面是因为你对不确定的未来怀有一种恐慌。

31～40 分：在别人眼里，你是个敏感、谨慎而且实际的人。他们觉得你有着惊人的天赋，同时又很谦虚。你这种人不会太快地将某人当成朋友，但是，一旦建立友谊就不会轻易被动摇。你对朋友相当忠诚，甘心付出，不求回报。但是，如果你们的友谊真的出现了裂痕，那么对你来说就是相当难以修补的了。

41~50分：在别人眼里，你是一个精力充沛、风趣活泼，并且能够带来快乐的人。你通常是大家注意的焦点，但却从不因此骄傲自大。大家认为你善良并且善解人意，能够给他们带来鼓舞和帮助。你常常会被朋友们当成模仿的偶像。

51~60分：在别人眼里，你是一个天生的领导者，是能够迅速做出判断和决定的人。但是，他们也会觉得你的性格容易冲动，脾气反复无常。而你的某些行为，会让他们认为你是个喜好冒险、乐于迎接挑战的人。你所散发出来的激情，能够强烈地感染他们，这让他们愿意和你在一起。

60分以上：在别人眼里，你是有点儿爱慕虚荣，常常以自我为中心，而且有着很强的支配欲的人。别人可能欣赏你，而且希望自己能够像你一样。但是，他们始终不会信任你，而且也不愿意与你有过多的交往。

测试二：你和陌生人相处的能力如何。

1. 测试导语。

善于结交陌生人，能使我们扩大交往圈子，开放生活领域，拥有更多的朋友，使生活更加丰富起来。仔细想一下，我们的熟人朋友哪一个原来不是陌生人？没有任何研究能证明：人们与陌生人之间交际能力是先天带来的，而不是后天习得的。因此明显的事实是，人们可以提高日常交际能力。只要你有交往的意愿，敞开心扉，友谊的大门将向你常开着。下面就一起测试一下自己和陌生人相处的能力。

2. 测试开始。

为了测试现实生活中你与陌生人相处的能力，请回答下列问题：

1. 在和陌生人打交道时，你是不是感到紧张？

A. 不是。　　B. 说不清楚。　　C. 是。

2. 感到不顺的时候，你会把自己的苦恼逢人就讲吗？

A. 不会，我会看对谁讲。　　B. 有时会。　　C. 是。

3. 在众人相聚的场合，你喜欢尽量把话题往自己身上引吗？

A. 一般不会。　　B. 有时会。　　C. 总是。

4. 当你取得了较大的成绩时，是不是有在陌生人面前炫耀的强烈欲望？

A. 不是。　B. 很难说。　C. 是的。

5. 如果你讲了一个自认为很好的笑话，对方没有反应，你会觉得他（她）没有幽默感吗？

A. 不会。　B. 可能会。　C. 会。

6. 如果别人在回答你的问题很含糊，你会重新把自己的问题再说一遍吗？

A. 会。　B. 有时会。　C. 不会。

7. 在陌生人自我介绍的时候，你是不是习惯把目光停留在对方身上？

A. 一般会。　B. 偶尔会。　C. 很少会。

8. 如果有条件，你愿意通过网络或电话与陌生人随意聊天吗？

A. 非常愿意。　B. 无所谓。　C. 不愿意。

9. 和初识的人再次见面时，你能很快想起上次见面的情景吗？

A. 能。　B. 有时能。　C. 不能。

10. 你觉得在陌生人面前尽量表现幽默或展示微笑是必要的吗？

A. 是。　B. 难说。　C. 不是。

3. 得分情况分析。

提示：每个问题选择 A，得 2 分；选择 B，得 1 分；选择 C，得 0 分。

（1）总分在 0 ~ 12 分，说明你与陌生人相处的能力较差，必须加强在这方面的学习。

（2）总分在 13 ~ 16 分，说明你与陌生人相处的能力一般，还要继续学习和锻炼，不断提高自己。

（3）总分在 17 分以上，说明你与陌生人交流的能力很强。

这个评价并不是对你与陌生人相处能力的一个准确衡量，而是一种定性的评估。

4. 心理透析。

你的得分表明你目前的水平，而不表明你潜在的能力。只要不断学习，积极充实，你完全可以改善自己在这方面的能力。

第三章　培养好修养——用礼仪获取他人“芳心”

在公众场合中，一个人的形象和一些礼仪是非常重要的，好的外部形象给人一种干净整洁的印象，得当的礼仪，哪怕是一个简单的细小的动作，都能折射出一个人的涵养与品质。在社交中要想永远给别人留下好的印象，懂得一些常识性知识，可以让你在社交中事半功倍。

礼仪在社交中的效应

礼仪就是礼节和仪式，是人们在社会生活、工作、与人交往的过程中形成的约定俗成的律己敬人的规范。在生活中，不管是公共场合还是私人空间，都应该时时注意礼仪。

礼貌待人，是指与人交际时所持有的诚恳和气、谈吐文明、举止谦恭的待人态度。它反映着一个人的精神面貌和文化素质，是一个人心灵美、语言美和行为美的和谐统一。

礼貌待人是人类文明千百年优良行为的积习，也是社会不断发展进步的

礼仪在交际中很重要

产物。人们往往把它看作一个国家和民族文明程度的重要标志，在这方面，我们中华民族有着优良的传统，从而赢得了“礼仪之邦”的美誉。

我国古代思想家经常强调“礼”的作用。

“礼”有广狭之分，广义的礼，大致包括制度、行为规范和风俗文化等；狭义的礼，指礼仪、典章礼节和礼貌。礼和仪也在随着时代的发展而变迁。从古至今，礼貌待人一直体现于我国社会生活的各个领域之中。

中国人民素以家庭和睦、注重亲人感情而著称于世。我国的传统道德提倡“父慈子孝，兄爱弟敬，夫和妻柔”，这些人伦规范都要通过礼貌的方式才能实现。

《三字经》说：“融4岁，能让梨。”孔融4岁的时候，就能主动把大个儿的梨让给兄长吃，而把小的留给自己，这不就是良好的礼貌行为吗？

尊敬老人是中国人民可贵的社会公德，汉代的张良便是这方面的楷模。《史记·留侯世家》记载了张良尊敬老人，为老人捡鞋、穿鞋，并得老人赠以《太公兵法》的故事。张良勤苦攻读，学到了丰富的军事知识；后来辅助汉高祖刘邦打天下，运筹帷幄之中，决胜千里之外，立下了汗马功劳。

礼仪是尊重自己、尊重别人的表现形式，进而言之，礼仪其实就是交往艺术，就是待人接物之道。

1. 交际交往中的礼仪重点。

摆正位置，端正态度：只有准确定位自己，才能做到言行适当。

交谈的禁忌：掌握交谈四忌——忌打断对方，忌补充对方，忌纠正对方，忌质疑对方，这是进行有效交谈的前提。

交际三要素：灵活运用沟通、认知、互动。

餐桌五忌：吸烟、给他人夹菜、劝酒、整理服饰、吃东西发出声音。

正式场合自我修饰的注意事项：包与鞋的颜色一致；女性发型要时尚得体；女士化妆要清新自然；男士腰上不挂任何物品。

2. 交际交往中的礼仪互动。

角色定位：交际交往场合在形象上，要力求使自己“干什么要像什么”。在行动上，要因人而异，看对象讲规矩。如乘坐轿车时，不同场合上座是截然不同的：公务用车时，上座为后排右座；社交应酬中，上座为副驾驶座；

接待重要客人时，上座为司机后面之座。

双向沟通：在沟通上应做到双向沟通，既要了解别人，更要让别人了解自己。

请客时要考虑的问题：在宴请时应注意请客的艺术，第一个层次是吃饱；第二个层次是吃特色；第三个层次是吃环境；第四个层次是吃文化。请客的最高层次是“吃文化”，同时要切记注意民族饮食禁忌。

3．交际交往中的礼仪理念。

尊重为本：尊重包括自尊及尊重他人。自尊有三个要点，即尊重自我、尊重自己的职业、尊重自己所在的单位；尊重他人有五要点，即尊重上级、尊重同事、尊重下级、尊重客户、尊重所有人。

善于表达：在交际交往中，首先要有主动沟通的意识，其次要积极表达，选择恰当的话题。适宜选择的话题包括拟谈的问题、格调高雅的话题、轻松愉快的话题、时尚流行的话题、对方擅长的话题。此外，交谈之前对对方进行了解是必不可少的。

行事规范：在交际交往中要遵守行事规范，其主旨是“有所不为，有所为”。有所不为是必须做到的，有所为是力争要做好的。

自我管理箴言

社交礼仪是一门学问，又是一门艺术。它是学问，因为它具有专业性、系统性和科学性。专业性表现在它是研究人际关系和人们进行社会交流形式的专门知识；系统性体现在它已形成一整套的行为规范；科学性反映在它是人们实践经验和社会习惯的总结。同时，社交礼仪又是一门艺术，它是研究人们在交际场合中如何依据一定的行为准则，正确施展和发挥因人而异的个人技巧。

握手时的交际礼仪

在远古时代，握手已经出现。在那个时候，人类最频繁的活动就是狩猎和战争，所以石块或棍棒等武器被人们掌握。当互不相识的人群相遇时，为了表示友善，他们会放下手中的武器，并张开手掌，让对方抚摸手掌心，这就表示手中没有藏武器。后来，逐渐演变成了今天的“握手”礼节，以示尊重和友好。

当代世界上已经把它作为最为普遍的一种表达见面、告别、祝贺等感情的礼节。初次见面，通常以握手示礼。握手是陌生人之间的第一次身体接触，只有几秒钟的时间。但这几秒钟非常关键，它立刻决定了别人对你的喜欢程度。适当的握手时间与力度，会让人有种舒适亲切的感受。美国著名盲人女作家海伦·凯勒曾说过这样一句话：“我接触过的手，虽然无言，却极有表现性。有的人握手能拒人千里，……我握着冷冰冰的手指，就像和凛冽的北风握手一样。而有些人的手却充满阳光，他们握住你的手时，使你感到温暖……”既然握手是彼此间增进感情的一个重要礼节，那么，你在人际交往的过程中，千万不可忽视握手时的常规礼仪。

握手在交际中很重要

无论你与对方是初次见面，还是与熟人久别重逢，告辞或送行时都可以握手表示自己的善意，这也是最常见的。有些特殊场合，比如当你向对方表示祝贺、感谢等的时候；当你与对方交谈的过程中出现了令人满意的共同点时；或者是当你与对方事前的一些矛盾出现了某种良好的转机或彻底和解时，习惯上也以握手为礼。

1. **握手的方式。**

握手时，距对方约一步远，上身稍向前倾，两足立正，伸出右手，四指并拢，虎口相交，拇指张开下滑，向受礼者握手。一旦你的手与别人的手握在一起，你的拇指与其他四指都应该全部与对方的手握在一起。但是，在现实生活中，常常会有这样的一种握手姿势：掌心向下握住对方的手，显示出一种强烈的支配欲。这会无声地告诉别人，他处于高人一等的地位。所以，当你在人际交往的时候，应尽量避免这种傲慢无礼的握手方式。相反，你应掌心向里地向对方握手，进而显示你对对方的恭敬。如果伸出双手，更是谦恭备至了。平等而自然的握手姿态是两手的手掌都处于垂直状态，这是一种

青少年要掌握"握手"礼仪

最普通也最稳妥的握手方式。

此外，戴着手套握手是失礼的行为。但是，女士可以例外。当然，在严寒的室外也可以不脱手套。比如双方都戴着手套、帽子，这时一般也应先说声："对不起。"在握手的同时要注视对方，态度真挚亲切，切不可东张西望、漫不经心。不可看别处或与第三者讲话，要与对方目光接触、面带笑容。目光接触显示你对别人的重视和兴趣，也表现了自信和坦然，同时还可以观察对方的表情。

2. 握手的时间以及力度。

握手时不要太用力，也不要漫不经心地用手指尖如"蜻蜓点水"似的点一下，这样都会显示你的无礼。其握手的时间一般是控制在三五秒钟以内。如果时间过短，两手一碰就分开，只会让对方觉得你在走过场，并对对方怀有戒心。这样又怎么能博得对方的好感呢?

如果你想表示对对方的真诚和热烈，也可较长时间握手，并上下摇晃几下。值得注意的一点就是异性或初次见面者除外。否则，只会显得你有些虚情假意，甚至会被对方怀疑为"想占便宜"，等等。

3. 握手应注意一些细节。

当对方的人数较多，你可以只跟相近的几个人握手，向其他人点头示意，或微微鞠躬就行。如果为了避免尴尬场面发生，在主动和人握手之前，你应想一想自己是否受对方欢迎，如果已察觉对方没有要握手的意思，点头致意就行了。

当你在一些公共场合与对方握手时，其伸手的先后次序主要取决于职位、身份。而在社交、休闲场合，主要取决于年龄、性别、婚否。

但是，如果对方正是你所接待的客人时，这一问题变得特殊一些：当客人抵达时，作为主人的你应首先伸出手来与客人相握。而在客人告辞时，就应由对方首先伸出手来与你相握。前者是表示"欢迎"，后者就表示"再见"。这一次序颠倒，很容易让对方产生误解。

另外，应当强调的一点是，上述握手时的先后次序不必处处苛求于人。如果自己是尊者或长者、上级，而位卑者、年轻者或下级抢先伸手时，最得体的做法就是立即伸出自己的手，进行配合，而不要置之不理，使对方当场出丑。

同时，握手最基本的礼貌是一定要用右手。在包括印度、印度尼西亚等在内的一些东南亚国家，在与他人接触时从来不用左手，因为在他们看来左手是用来解决个人问题的。而如果是用双手握手，一定要先用右手与他人相握，然后再把左手搭在别人的手上，这足以体现出对对方的尊重。

自我管理箴言

在人际交往中，一定要掌握握手的常规礼仪。热情地、真诚地、紧紧地握着对方的手，把自己的力量、诚意展现并传递给对方，促使对方感受你的真诚。

致意动作不能马马虎虎

不论在何种场合，学生遇到长辈、老师、特别钦佩的人或者见到众多朋友的时候，都要主动向他们致意。学生致意一般是点头与微笑两种方式并用。

遇到对方主动向自己致意时，应该回以同样的方式，无动于衷则是失礼的表现。

致意的动作不能马马虎虎、敷衍塞责，必须认认真真，以充分显示自己对对方的尊重。

1. **点头致意。**

点头致意，一般适于不宜交谈的场所，比如在会议或会谈进行中，与仅有一面之交者在社交场合重逢或与相识者在同一场合见面，都可以点头为礼。点头致意的方法比较简单，只要头向下微微一动，幅度不要太大。

2. 举手致意。

举手致意，一般不必出声，只需右臂伸直，掌心朝向对方，轻轻摆动一下即可，记住不要反复摇动。举手致意，一般适用于和较远距离的熟人打招呼。

3. 欠身致意。

欠身致意的方法是全身或身体的上部微微向前一躬，这种致意方式表示对他人的恭敬，这种方法的适用范围较广。

4. 脱帽致意。

与朋友、熟人见面时，若戴着有檐的帽子，最为适宜的致敬方式是脱帽致意。致意者只需微微欠身，用距对方稍远的一只手脱帽子，将其置于大约与肩平行的位置，同时与对方交换目光。

脱帽致意

5. 起立致意。

通常用在坐着的晚辈、下级见到长辈、上级进屋、离去时，或者集合领导、来宾到场时，或坐着的男子看到站立的女子时。一般站立时间不长，只要对方有所表示即可坐下。

6. **鞠躬致意。**

鞠躬，即弯身行礼，是表示对他人敬重的一种礼节。这种礼节既适用于一般的社交场合，也适用于庄严肃穆、喜庆欢乐的仪式。在一般的社交场合，晚辈对长辈、学生对老师、下级对上级、表演者对观众等都可行鞠躬礼。领奖人上台领奖时，向授奖者及全体与会者鞠躬行礼；学校进行文艺汇演时，参加演出的学生在谢幕时，对观众的掌声常以鞠躬致谢；演讲者也用鞠躬来表示对听众的敬意。行鞠躬礼应遵循的基本原则是：脱帽、呈立正姿势，脸带笑容，目视受礼者。男士双手自然下垂，贴放于身体两侧裤线处，女士的双手下垂搭放在腹前，然后上身前倾弯腰，下弯的幅度可根据施礼对象和场合决定鞠躬的度数，一般为60°，特殊情况时可行90°大鞠躬礼。

自我管理箴言

致意是一种常用的礼节，它表示相互问候之意，通常用在相识的人之间打招呼。大家在向对方致意问候时，应该真心诚意，表情和蔼可亲。若毫无表情或精神不振，便会给人以敷衍了事的感觉。

青少年必学的待客之道

常言道："有朋自远方来，不亦乐乎！"中华民族是一个好客的民族，很讲究待客礼仪。青少年应掌握这些礼仪，养成以礼待人、文明礼貌的好习惯。

1. **迎客。**

事先知道有客人来访要提前"洒扫门庭，以迎嘉宾"，并准备好水果、点心、饮料和茶具等。若留客人用餐亦应早做准备。客人在约定时间到来，可提前出门迎接，年长人来访则应去车站迎接，以示尊敬和礼貌。

客人突然临门，要热情相迎。屋内来不及清理，应向客人致歉，并稍稍整理，切不可弄得满屋灰尘，使客人坐立不安。

客人来到家中，要起立相迎，热情接待。如自己穿的是内衣、内裤，应及时更换，因为穿着内衣裤迎客是不礼貌的。客人进屋后，稍稍寒暄，即可“请坐”。对长辈，应先叫上一声：“伯伯好，请坐。”给客人端茶、呈送果盘时要用双手。客人是否用就应随意，不可勉强，如果在炎热的夏天，应安排客人坐在电扇旁或安有空调的房内，还可为客人递上一块干净毛巾，擦脸擦汗。如客人带来小孩，应找些玩具、书画给小朋友，帮助大人看好、哄好小孩。一些装修得较好的家庭，对客人一般不要提出进屋换鞋的要求，那样会使客人很不自在，除非是来往密切、特别熟悉如同家人的客人。

2．**待客。**

对年老的客人，应彬彬有礼，细致周到。老年人喜欢说些家常话，了解晚辈的情况，中学生即便不感兴趣，为了表示尊重，也应尽量与他们和谐交谈。

父母的客人来家，要热情招待，主动招呼问候。客人与父母交谈时，不要随意插嘴。如果所谈的是重要问题或是不希望孩子知道的事，应主动回避。因自己有事，不能长时间陪客，可在大人交谈的间隙有礼貌地打个招呼，然后离开。

兄弟姐妹的客人来家，要主动招呼接待，切不可认为不是自己的朋友、与己不相干而持冷漠的态度。若是熟悉的客人，还可陪客人交谈一会儿。

自己的朋友同学来访，如果是初次登门，应主动介绍给父母亲或在场的家庭成员。可将朋友同学引进自己的房间交谈、活动，不要妨碍家中其

青少年要学会待客之道

他成员的休息。

陌生客人来访时，要礼貌委婉地问明来意。若是来找父母和其他家人。而又恰好不在家时，可询问有什么事情需要转达，或是提供笔和纸请客人写一张留言条。

长辈与客人交谈时，不要从他们中间穿过，应从其身后绕道进出。如因房间狭窄，必须从他们中间走过，则应先表示歉意，待应允后再走过。

客人来访正赶上用餐，应真诚邀请客人一同进餐，不要让客人在一边看自己吃。如果客人已经用餐，可先安排客人在客厅就座，向客人表示歉意，请他稍等，自己则尽快吃完碗中的食物，赶紧过去与客人交谈。不要冷落了客人。若来的是尊贵的客人，或客人有急事要谈，这时则应立即停止就餐，先接待客人。

与客人交谈时，不要有意无意地总是看表，以免被疑为下逐客令。

客人在场，自己与家里人讲话要轻声，不要发生口角和争执，有了矛盾，待客人走后再解决。父母不应当着客人的面训斥子女，子女也不应当着客人的面和父母顶嘴，以免客人难堪。

客人来访，常常会带些小礼品，对此应表示谢意或请客人以后来访不要太客气。也可相应的回赠些礼物，决不能若无其事，受之无愧。

客人提出要走，一般应婉言相留。客人告辞时，应等客人起身后，再起身相送，不能客人一讲要走，主人就站起来。客人临别时，家里在场的人也都应该微笑起立，亲切送别，让客人感到这个家庭的每个成员，都是热情好客的。

客人临走时，如发生天气突然变冷或下雨等意外情况时，应主动关心客人，拿出衣物或雨具给客人使用。

对到家中小住的客人，应自始至终热情周到，不可见面热情，住两天冷漠，再住几天甚至厌烦，使客人在家住也不是，走也不是。对来访的客人，应一视同仁，切不可因其身份、地位、贫富不同，而厚此薄彼。对家境不如自己的客人，更应真诚相待，切忌轻视。

3．送客。

作为21世纪的青少年要学会送客的礼仪，不仅要认识到迎接客人的重要性，更要明白送客礼仪的重要性。不要做到了“迎人三步”，却忘记了“身送七步”，那样会给客人留下“虎头蛇尾”的印象。

因此，送客时应注意以下几点：

（1）让客人先起身。

当客人提出告辞时，要等客人起身后再站起来相送，切忌没等客人起身，自己先于客人起立相送。更不能嘴里说再见，而手中却还忙着自己的事，甚至连眼神也没有转到客人身上。

（2）送客也不失热忱。

当客人起身告辞时，应马上站起来，主动为客人取下衣帽，帮他穿上。与客人握手告别，同时选择最合适的言词送别，如“希望下次再来”等礼貌用语。每次见面结束，都要热情地恭送对方回去。尤其对初次来访的客人更要热情、周到、细致。

（3）代客提重物。

当客人带有较多或较重的物品，送客时应帮客户代提重物。与客人在门口、电梯口或汽车旁告别时，要与客人握手，目送客人上车或离开。要以恭敬真诚的态度笑容可掬地送客，不要急于返回，应挥手致意，待客人走出视线后，才可结束告别仪式。否则，当客人走完一段再回头致意时，发现主人已经不在，心里会很不是滋味。

（4）晚一步关门。

许多时候，有的人将客人送出门外，不等客人走远，就“砰”的一声将门关上，往往给客人类似“闭门羹”的不好感觉，并且很有可能因此而“砰”掉客人来访期间培养起来的所有情感。因此，在送客返身进屋后，应将房门轻轻关上，不要使其发出声响，最好是等客人远离后再轻声关上门。

自我管理箴言

掌握一些待客礼仪，这对青少年的交际有很大的帮助。

使用电话的礼仪

现代科技日新月异，通信事业也迅猛发展。在世界各地，电话已十分普及，成为人们之间相互联系和相互沟通的重要工具，与远在千里之外的朋友通话，就如同去邻居家聊天一样方便。电话缩短了人们之间的距离，人们也越来越离不开电话。电话人人会用，但打电话的水平却各不相同。有的人认为打电话时，对方是看不到自己的音容笑貌的，所以长长地松了一口气："什么陈规陋矩的礼貌，统统一边去吧。"然而他的这种看法十分不正确。常言道："未见其人，先闻其声。"虽说对方见不到他的"高大"形象，可是能从他的声音中捕捉对他的印象。电话礼貌同样是不可缺少的，一个礼貌的电话，使双方的心贴近了；而一个粗野的电话却会在相互之间竖起一道新的篱笆。

打电话首先要选择适当的通话时间。往办公室打电话比较简单，当然得在办公时间打。可往别人家里打电话就要注意了。因为弄不好就会给他人带去不便。除非你有十万火急的事情，否则一般早上7点以前，晚上10点以后是不应该往人家家里打电话的。对于有午惯的人，在午休时间也不要给他打电话，影响他人休息不是有教养之人所为。如果你不得已、吵醒了他人的美梦，请务必在通话开始时向对方道歉，并尽可能地长话短说。打国际长途还请注意时差和生活习惯，打扰外国朋友更是不应该。

通话时间长短要适当

接通电话问候一声“您好”，把你火一般的热情传送了出去。对方也听得心里头一阵热辣辣，还有什么比这更富有人情味，更让人感到温暖的呢？可是，有的人打电话似乎不太注重他人的感受，拿起话筒就是一声“啊喂”。这冷冰冰的“啊喂”听得人浑身上下直起鸡皮疙瘩。语言美是国人共同奋斗的目标，一声“您好”，悦人悦己，何乐而不为呢？

青少年在接听电话时，为了维护好自己的“电话形象”，要注意以下事项：

1. **别让对方等。**

接电话的人一般应在听到电话或手机完整的一次铃响后，立即拿起话筒或者按手机的接听键接听，不要让铃响多次。才慢腾腾地接电话。一般来说，电话响声以不超过三声为准，不要让对方等太久才接电话。转接电话亦然。

2. **自动报上姓名。**

电话接通等对方应声后，应即刻报上自己的名字并说明身份来意，这有助于早点完成工作，免去啰嗦之嫌。

3. **请对方大声点、说慢点。**

有时因信号太差或环境太吵，对方的声音可能听不到，你应先道歉再请对方大声点说，另外可以用纸笔记下通话重要内容，以示慎重。若对方很急或说话速度太快，不妨建议他慢慢说，并保证一定会为他做妥善处理。如碰到对方在讲到某一问题时有为难之处，则可婉转地转移话题或另约时间，这样做，往往会给对方留下很深的印象。

4. **谈话时嘴里勿含食物。**

谈话时嘴里不喝、不吃东西，不与身旁人谈话。如确有急事需与身边的人说一两句，则应与对方道歉后用手捂住话筒。

5. **勿长时间占用公用电话。**

在使用公用电话时，要设身处地为别人着想，尽可能缩短通话时间。

6. **挂断电话要适时。**

有时候人一忙常会以为对方已说完话，因此就匆忙地收线挂断。在此提供一个小秘方可确定此时挂电话是否合适，那就是“说再见”，若对方还未说完，你讲再见他会制止你，而若是已讲完事情，说再见也是电话礼仪的一种。

打电话规矩并不多，很多日常生活需注意的事项相信青少年早已知道，只是因为忙或情绪不好而忽略，所以再次提醒大家，遵守电话礼仪是修养而非教条！

自我管理箴言

打电话看起来很容易，对着话筒同对方交谈，觉得和当面交谈一样简单，其实不然，打电话大有讲究，可以说是一门学问、一门艺术。

同学间的交往礼仪

通常，我们每个人都会有长达十几年甚至二十几年的学生生涯，如果说活到老学到老的话，那就更可观了。在这期间，我们与同学间的交往就显得尤为重要，同学间的交往是我们走向社会的前奏，它令我们感受到人际交往的乐趣与困惑，让我们的公共人格得以发展并走向成熟。

1. 同学之间要有礼貌。

一个彬彬有礼的人在任何时刻、任何场合都是受人欢迎、令人尊重的，同学之间也不例外。

同学之间虽然年龄相近，也同样要使用礼貌用语。不要张口就是祈使句，“喂，你过来一下。”“嘿，这道题怎么做啊?”“喂，把尺子给我用用。”……这些话只能让你的同学对你产生反感，久而久之，你就成了不受欢迎的人。

另外，还要注意不要随意给同学起绰号，尤其是那些带有贬损意味的绰号。贴切的昵称会令同学间的关系更加和谐、亲密，但揶揄的称呼、蔑称一

多一份宽容，多一份友谊

定会伤害对方，也丝毫不会令你显得幽默。

当然，不讲粗话、脏话，是每一个学生应该自觉遵守的基本规范。

2. 同学间相处要大公无私。

学校也是社会的一个缩影，同学们的脾气、秉性各不相同，因此，要友好相处就要双方都付出些努力，能够彼此理解、彼此包容，才能令相处更加融洽。

那些心里只有一己之私、只会打自己的“小算盘”的人，是不会拥有真正的友谊的。只有那些心底无私、能够以集体的利益为先，能够站在对方的立场上替他人着想的人，才会受到大家的欢迎。

3. 同学间相处要有公德意识。

学校同样是一个公共场所，在公共场所中的任何规范都是同样要遵守的。一个缺乏公德心，喜欢随意高声喧哗、乱刻乱画、随地吐痰、乱丢废弃物、攀折花木的人，一定会令周围的人生厌。从小培养公德心，对于青少年朋友们进入公众社会，并成为其中受欢迎的一员是极为重要的。

4. 同学间交往八大禁忌。

（1）不粗言秽语；

（2）不恶语相向；

（3）不飞短流长；

（4）不拉帮结派；

（5）不自私自利；

（6）不斤斤计较；

（7）不盲目攀比；

（8）不损害他人利益。

自我管理箴言

同学间良好的人际交往令我们的学生生涯更加丰富多彩，尤其是青少年阶段，和谐的同学关系将是我们一生中最纯洁、最美好的记忆，这份美好的友谊甚至会伴随我们终生。但是，这份美好也并非唾手可得，它需要我们付出努力。要想使同学间的关系和谐，至关重要的一点是：以礼相待、以诚相待。

校园和班级的礼仪

学校是同学们每天学习生活的场所，因此，更应当遵守校园和班级的礼仪。

1. **爱护公物。**

要爱护校园的一草一木，有些同学仅仅为了想抄近道而随意践踏草地，还有的同学攀枝摘花，这些都使得校园环境被毁坏。校园是大家共同学习和生活的地方，只有做到爱护校园的一草一木，以后才能做到保护我们的社会环境。

要爱护校园的体育设施，经常有同学抓住单杠、篮球架等摇晃，或者在乒乓球台上蹦上蹦下，乱涂乱画，把球网弄坏。这种做法不仅破坏了学校的公物，同时也是一种很不礼貌的行为。

爱惜教学设备。教学设备和用品是教师向学生传授知识的物质条件，现在许多学校都为学生提供了各种各样的现代化教学设备。如果每个人都能做到爱护这些物品，不仅可以延长它们的使用时间，而且也符合国家建立社会主义节约型社会的要求。在教室里，要爱护桌椅及各种用品，维护班级的学习环境。

学校是个家，人人爱护它

第一，不得在教室里大声喊叫，影响他人；

第二，爱护桌椅，不能用小刀在桌子上刻画留纪念；

第三，不能在教室里追逐打闹；

第四，在自己做值日的时候一定要保持教室的干净。

然而有些同学却对学校的教学用具和教学设备非常不爱惜，而且在拿教学用具和教学设备时不知轻拿轻放，造成损坏，给教师的教学活动带来了一定的影响。

2. 讲究卫生，保护环境。

每个同学都希望学校拥有良好的学习环境，然而，良好的学习环境是需要大家共同创造和维护的。不管学校的教学设施是好是坏，只要大家保持卫生，精心布置，我们就可以拥有良好的学习环境，但是有的同学没有良好的卫生习惯，随地吐痰，随手乱扔纸屑和食品包装袋，还有的同学爱拿教师教学用的粉笔，在教学楼、教室的墙上乱涂乱画，这些都是极不文明的行为。

3. 注意文明礼貌。

学生在校园活动，行为举止一定要文明。有的同学喜欢在校园内横冲直撞，追逐打闹，大声喊叫，表现得一点都不斯文。一般来说，如果没有特殊情况，校园里是不能随意跑动的。但是现实情况是怎样呢？学校中有相当一部分人走路根本不按规矩，乱跑乱撞，而且很容易发生突发事件。在上下楼梯时应该靠右进行，不要坐在扶手上或者骑在扶手上往下滑。不管是在校园还是班级，同学们都一定要讲文明，不说脏话。对待老师或者同学，不管其年龄大小、是否熟悉都要做到文明礼貌。

自我管理箴言

校园是我们生活学习的地方，整洁的校园环境会让学生更好地学习，老师更加愉悦地工作。作为学生要爱护校园的一草一木，自觉保护校园环境。

与老师交往应遵守的礼仪

坦率诚恳这个原则能消除我们与老师之间的误解、隔阂，能够使我们与老师在愉快的交往中共同提高。

雷雨快人快语，他首先向大家讲出了他与老师相处的感受。

他说："我对数学一直就很发怵，到初中一年级的时候，我甚至认为自己不是学数学的料。刚入学不久，班主任让我们每个人到讲台上，说一说自己的喜好与厌恶。轮到我的时候，我站在讲台上沉默了一会儿，对老师说：'老师，能讲真心话吗？'老师笑着说：'当然。'于是，我直接说出了我对数学的感受。我说：'学习数学就像是把我的衣服扒光，让我暴露在大庭广众之下。说实话，我从心里讨厌数学。虽然，我知道，老师您教我们数学，但是，我还是想把我的真实想法说出来，这样我的心里才能平静下来。请您能够理解。'我不知道，我是怎样走下讲台的，只知道，自己的心里一直这样想：老师接下来一定会好好教训我的。可是，

学生与老师沟通的温馨场面

没有。”

“期中考试来到了。和以往一样，在我的数学卷子上没有留下我的多少笔迹。除选择题一顿瞎蒙外，我还做了一道很有趣的主观题。因为做这道题看起来似乎不需要用什么公式，只需用几句话论证就能得出答案。由于感到好玩，我便做了这道题。做完后，我还不忘在题后画了一个滑稽的笑脸。但是，谁能想到，就是这不经意的一道题，却让我从此对数学有了全新的看法。”

“考试结束，数学成绩跟我预期的一样——不及格。老师讲评卷子的时候，我当然是心不在焉了，反正我也听不懂。就在我百无聊赖、打呵欠的时候，老师突然说：‘雷雨，把你最后一题的论证过程给大家念一下，好吗?’我‘腾’地就站了起来，把那个已经打出一半的呵欠咽了回去。我迷迷糊糊地看着老师。老师好像知道我没有听清他的要求，又重复了刚才说的话。我仿佛是在云里雾里，晕晕乎乎地照着试卷上做的答案念了一遍。老师说：‘这道题是没有标准答案的，只要你能够给出合理的论证过程就行。雷雨同学的论证合理，而且思维很独特。虽然这次他只考了34分，但是这个分值是有价值的。因为，全年级120位同学，只有雷雨同学尝试着去做了。雷雨，你有能力把数学学好。’”

“我的眼睛霎时变得模糊了，这是自我开始学数学以来第一次得到这样的鼓励，而且是在得34分的情况下。事后，我对数学不再抱破罐子破摔的态度了。大家也一定能猜得出来，我不再对数学冷漠了，而是充满了热情。我久久压抑的心情也豁然开朗了。这个奇迹，是我的坦率与老师对我的理解共同创造出来的。”

青少年朋友们，听了雷雨的讲述，我们是不是已经感受到，坦率能够让我们与老师彼此理解，而理解又使我们拥有那么多的快乐。除此之外，在与老师相处时，我们的诚恳也是极为重要的。因为在诚恳中，我们与老师能够共同创造好心情。下面这个班的同学就为我们做了一个很好的榜样。听听这个班的同学是怎么说的吧。

“上个学期，我们的语文老师调走了，学校领导又给我们班安排了一个语文老师。听说这个语文老师从教30年了，学校老师都说她‘知识渊博’‘讲课好’，我们心里也美滋滋的，期待着语文课的到来。但是，上完第一堂课后，我们失望极了。同学们议论纷纷，有的同学提议：‘让学校领导给我们换老师。’有的同学说：‘干脆，我们自学语文得了。’就在大家议论不止的时候，班长走到讲台上，对大家说：‘大家说得都很有道理，可是我们不能保证下一个老师讲得就一定好，即使我们要求自学，学校领导也不会同意。我们不妨这样，把我们对老师讲课的一些看法和要求写出来，让老师明白，我们想让她怎样上语文课。这样，老师就可以在讲课的时候注意一下。你们看，怎么样？’同学们觉得班长说得有道理。于是，纷纷提笔写下自己的想法和要求。班长把大家的意见条都收齐了，然后和学习委员一起，去找语文老师。从此刻起，我们的心开始七上八下。”

“第二天的语文课上，老师拿出一个笔记本，说：‘真的很感谢同学们给我提出的这些好建议、好要求。我昨晚想了好久，认为同学们说得有道理。你们是我30年教龄的新生代，你们有新的要求，而我却忽略了，幸好同学们及时地为我指了出来。我今后在语文教学上需要学的东西很多，你们愿意继续教我吗？’这番话，是我们意料之外的。我们都傻在了那里，好久，回过神的我们用掌声告诉老师：‘我们愿意，更愿意从您那里学更多的知识。’

“通过我们和老师之间的诚恳交流，我们的语文课上得很精彩。在我们上《驿路梨花》这一课时，老师让我们将课文改编成课本剧在班上演出。同学们精神状态大为改观，竟然让课本中处于幕后的梨花姑娘也站到前台，唱出了‘月儿明，梨花白，林边茅屋隐隐现，我为茅屋送米来，让那路人度过这寒冷之夜……’演出中掌声、喝彩声不断，有的同学还适时提出了修改意见。现在，我们的语文课堂可以说是，一课一个样，一天一个样，不时闪现出一个又一个创新的火花。不用说你们也会知道，我们正在快乐中学习。”

“当然，老师和我们已经成了亲密的学习伙伴。课堂上，她和我们根据课文内容和生活实际，共同创造了一幕幕情感交融的场景。课后，老师又给我们解答疑惑。新年来到，老师把她的新年寄语写在我们每位同学的作业本上。清晨到来，当她走进教室时，黑板上写的是：敬爱的老师，祝您天天有好心情！这是我们真诚的愿望。”

青少年朋友们，你们看诚恳的魅力就在于，它能够在我们与老师之间架起一座沟通的桥梁。这座桥梁让我们和老师不仅能彼此真诚相待，而且还能实现共同进步。

我们和老师在坦率与诚恳中互相理解，互相支持，互相给予好心情。青少年朋友们，如果你还没有体会到与老师相处时的愉快，不妨试一试这个“坦率诚恳”的原则吧！

自我管理箴言

交往是一门学问，也是一门艺术，是人类特有的相互沟通和相互作用的基本行为，是现实生活中每个人都离不开的一种活动。师生关系，因学校而建立，因教与学而建立，它是教育过程中人与人最基本、最重要的关系。老师与学生的关系如何，本身并不重要，其结果的重要性在于，教育过程中这种人际关系所产生的“效应”，也就是它对教育效果的影响。

与父母交往要风雨同舟

当我们降生到这个家庭的时候，我们和父母的命运就从此联系在了一起。我们与父母驾驶着家庭小舟，在生活的海洋里向前挺进。在前进的过程中，家庭小舟会遇上大风，也会遇到大浪，甚至，还有触礁的危险。面对这些险境，我们只有和父母并肩作战，才能克服这些艰难险阻，才能让我们的家庭小舟到达幸福的港湾。

李嘉诚，我们并不陌生的名字。他是香港巨富，他的财产相当于我们中西部几亿人的财产总和。就是这位巨富，用他的经历，给我们生动地再现了与父母相处时应遵循的这一原则：风雨同舟。

在李嘉诚很小的时候，他就担负起了家庭的重担。他出生在小知识分子家庭，父亲一度经商，失败后回家乡教书。李嘉诚因此在童年受到很好的学校教育和家庭教育。然而，无休止的战乱破坏了这一正常、健康的成长环境。父亲不得不带着一家人逃难到香港。可是，没过多久，父亲就去世了。在父亲倒下之后，全家人的生活担子、弟弟妹妹的教育重任就落在了十来岁的李嘉诚身上。李嘉诚默默地承担下来了，他不再上学，因为现在全家需要他做的是：养家。李嘉诚到茶楼做“茶博士”，到舅父公司里做小职员，在五金公司做街头推销员。虽然工作艰难，然而却可以让一家人吃上饭，可以让弟弟、妹妹继续读书。在少年李嘉诚身上，几乎找不到孩童的欢乐、人性的懒散和嗜欲的迹象，因为他没有时间去享受、偷懒和奢侈。他的精力几乎完全花在努力工作挣钱上面，花在了和妈妈一起共同把家支撑起来上面。小小的他认识到知识的力量，不仅以父亲的姿态来监督弟弟妹妹的学业，同时自己也学习不辍。学习甚至成了他生活和事业的一部分，直到今天，他仍每天坚持听英语新闻。

面对家庭突如其来的不幸和困顿，李嘉诚并没有任何委屈和抱怨，而是选择了直面承担，与母亲、弟弟、妹妹一起建设着家庭。虽然饥饿和疾病经

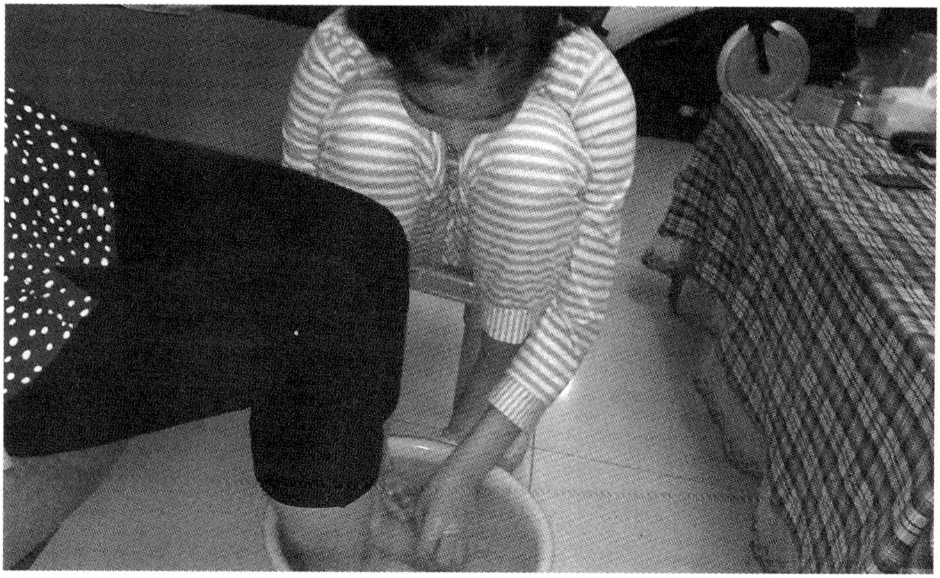

孝敬父母是中华民族的传统美德

常光顾这个看似摇摇欲坠的家，但却无法摧毁它，因为家庭中的所有成员都在努力尽着自己的那份力量。

青少年朋友们，看了李嘉诚与家人共渡难关的故事后，你是否已经不由得发出这样的感慨：风风雨雨走过的日子里，我们体会更多的是彼此给予的爱。

是的，家庭对我们来说意义重大。除了给予我们关爱之外，家庭还给我们一个健康的身心。因为，家庭成员人际关系紧张，就会导致家庭成员心情抑郁、苦闷。相反，如果家庭成员相互理解、相互喜爱，彼此信任、彼此尊重，那么，我们的心情就会很愉快，情绪就会很振奋。

然而，我们中的一些同学，却没有意识到这一点。他们与父母驾驶着家庭小舟在海洋里前进的时候，与父母产生了一些误解。于是，他们就开始与父母赌气，认为父母不理解自己，专门和自己作对。他们把“船”上所有的工作都扔给了父母去做，自己一人生闷气。即使父母过来劝说，或用独特的方式向他们的孩子承认自己的错误，他们的孩子也不轻易原谅他们。同学们，你们是不是对此感到很遗憾？可是，就有这么一位“儿子”，却对此并不感到遗憾。

除夕，父亲与某亲戚发生了口角，儿子了解到事情的原委，觉得是父亲不对，就上前劝阻父亲。结果父亲大发雷霆，劈头盖脸把儿子臭骂一顿，若不是邻居及时劝阻，儿子差一点儿挨父亲的打。儿子很伤心，觉得父亲蛮不讲理，有点儿“法西斯”的味道，于是一整天没理父亲。晚上，父亲没有和往年一样，与家人一起看春节联欢晚会。第二天，儿子的床头放了一双崭新的鞋垫，正是儿子大年初一穿新鞋时所需要的。看得出，这是父亲昨天晚上特地赶做出来的。儿子明白，父亲是以此来向他道歉的。但是，他仍然不能原谅父亲，大年初一也没按习俗给父亲拜年。

父亲以送儿子鞋垫的独特方式承认了自己不正确的做法，并表达了自己的歉意。可是，儿子却不原谅父亲。儿子这样做，对吗？那么，儿子怎样做才是正确的呢？

我们和父母都有自己的情感世界，都希望得到对方的理解。

儿子希望得到父亲的理解，可父亲同样也希望得到儿子的体谅。如果我们只希望父母理解自己，不想理解他们，那我们永远得不到理解。假如我们真诚地去理解父母，你就会意外地发现，我们得到的理解要比想象得要多。因为理解是爱，是相互的。

这是个真实的故事，发生在两个母亲身上。

第一个母亲惦记着儿子的生日。一下班，马上买了蛋糕就往家里赶，半路上，自行车碰了石头，蛋糕甩了，人也摔伤了。儿子见不到蛋糕，大哭大闹，怪母亲在同学们面前丢他的脸。母亲也哭了，为什么呢？

第二个母亲，她的女儿忽然有一天看到妈妈变老了，身体也差了，想到这是妈妈为自己成长付出的代价。她想在即将到来的"三八"妇女节上送妈妈一份礼物。送什么呢？无意中，她翻开相册，看到妈妈年轻时美丽动人的面容，她哭了。她悄悄地把相片拿去放大，又镶上一个漂亮的镜框。

"三八"节那天，她把镜框放在家里最显眼的地方。妈妈回来了，当她看到这个场景的时候，她哭了。女儿扑进妈妈的怀抱，感到妈妈的泪是甜的。

两个妈妈都哭了，但是，第一个母亲的泪水是苦的，第二个母亲的泪水是甜的。为什么呢？

无论是儿子不愿意原谅的父亲，还是一苦一甜的母亲，他们需要的是儿女的理解与尊重。有了理解与尊重，无论与父母发生多大的冲突，我们也能及时地把它化解掉。而这一切，首先需要的是：我们有与父母风雨同舟的思想。如果没有，我们就不可能对父母做到真正的理解和尊重，更不可能在变幻莫测的大海里，与父母齐心协力，共同搏击惊涛骇浪。

风雨同舟，体现的不仅仅是我们对父母的理解与尊重，还有我们对家庭的那份责任感。我们体现出的那份责任感，也许不像李嘉诚那样深重，但是却能实实在在表现出，作为家庭成员的我们，对家庭的爱护和珍惜。有了家庭责任感，我们就会自觉地养成良好的作息时间，不再让父母每天早上叫我们起床吃饭。没准，我们还会在周末的时候，为爸爸、妈妈准备一顿早餐呢！同时，我们也会自觉地管理好学习时间，什么时候学习，什么时候娱乐，我们心里都有计划；我们还会控制自己的情绪，不会随便对爸爸、妈妈发火、生气。相反，当看到父母心事重重时，我们会主动走到他们身边，轻轻地安慰他们。有了家庭责任感，我们就会及时与父母沟通，让他们了解我们每一阶段的想法和打算，请他们给予我们最及时的指导。我们所做的这些，只有一个目的，那就是，让父母对我们放心，让他们能够专心工作。

青少年朋友们，如果我们把自己真正看成是家庭成员中的一员，除了上述的行动外，我们还要遵守以下礼仪：

1. 礼貌待人，相互尊重。
2. 互敬互爱，彼此之间相互预留一定的个人空间，任其自由发挥。
3. 凡事能够做到多沟通，多商量，合理化解决问题。
4. 以和为贵，以家庭为中心，创造一个美好，和谐，温馨，幸福之家。
5. 孝敬父母，多陪父母。

自我管理箴言

青少年朋友们，愿意让我们的父母成为这世界上最幸福的父母吗？那就让我们开始启程吧。无论风平浪静，还是浪涛滚滚，我们始终会和父母一同面对，始终会与父母风雨同舟。

自我管理基地

交际检测

测试一：你具备圆熟的社交技巧吗？

1. 测试导语。

不恃才傲物可能被视为平庸无为；不投机取巧可能被看做不思进取；开口先笑可能被认为是笑里藏刀。这并不代表以上的这些都是缺点，而是你怎么才能把这些优点发挥到圆润自然、张弛有度、浑然得体。简单地说，就是要具备老辣的社交技巧。那么你具备这些技巧吗？不妨测一测！

2. 测试开始。

（1）假如以后老板让你去做一件你觉得很难做到的事情，你会怎么办？

A. 你会咬紧牙关，花费几个小时拼命地工作。

B. 做到某种程度而发觉不行时，将情况向老板汇报。

C. 即使求助于他人也要把工作做好。

D. 自己无法做好的事情，会放弃不做。

(2) 假如有两位相熟的异性同时向你示爱，你会怎么处理？

A. 把两人叫过来加以详谈后分开。

B. 只与一位适合自己的人交往。

C. 在两人之间周旋。

D. 将两人视为普通朋友，同时交往。

(3) 当在学习上感到不顺心和不如意时，用哪种方式来发泄呢？

A. 到常去的大喊。

B. 出去散步使心情平静。

C. 消费。

D. 听音乐。

(4) 如果你从朋友口中得知另一个朋友在背后说你坏话，你会怎样？

A. 默默地承受而不加理会。

B. 与忠告者一起出游，将误会澄清。

C. 直接找说坏话的人算账。

D. 找说坏话的人问清情况。

3. 评分标准。

A. 5 分 B. 3 分 C. 1 分 D. 0 分

4. 心理透析。

18 ~ 20 分：如果你能再成熟些，即可体会爱的真意。你的心理在社交方面相当成熟，而个人生活方面就不太成熟了。这种不平衡也是你性格上的魅力，因为它令人有新鲜感，这会让人产生想要探知的欲望。14 ~ 17 分：你的心理正在成长中，因为兴趣广泛而无法局限在一件事上，对要紧的事应该立即着手；如能有所取舍，你的心理会成熟得更快。你是个有前途的人，你会很快掌握社交技巧的，只是要在这个过程中承受住一些心理上的考验。8 ~ 13 分：你的社交技巧可以说是相当贫乏的，你的心理还很幼稚。对这种人而言，实践比学习更重要，但学习也不能忽略。

0 ~7 分：你对爱的想法相当成熟，但心理成熟是没有界限的，所以应该想办法，使自己能与人相处得更好。你现在需要加紧努力的是，注意与周围人搞好关系，千万别脱离集体，要合群。

测试二：你善于编织社会关系网吗。

1. 测试导语。

你想回顾过去在人际关系方面的得失吗？你了解自己编成的关系网对你是有利还是有害吗？下面的题会帮你测试一下。请选择最适合自己情况的答案。

2. 测试开始。

（1）与朋友们相处，你通常的情形是：

A. 倾向于赞扬他们的优点。

B. 以诚为原则，有错我就指出来。

C. 我的信条是不胡乱吹捧，也不苛刻指责。

（2）结交一位朋友你通常是：

A. 由熟人、朋友的介绍开始。

B. 通过各种场合的接触。

C. 经过时间、困难的考验而交定。

（3）对人来说，结交人的主要目的是：

A. 使自己愉快。

B. 希望被人喜欢。

C. 想让他们帮我解决问题。

（4）你的朋友，首先应具备哪种品质？

A. 能使人快乐轻松。

B. 诚实可靠、值得信赖。

C. 对我有兴趣、关注我。

（5）你与朋友的友谊能保持多久？

A. 大多是日久天长式。

B. 有长有短，志趣相投者通常较长久。

C. 弃旧交新是常有的事。

(6) 走入一个陌生的环境，对那些陌生人，你：

A. 常能很快记住他们的名字与某些特点。

B. 想记住他们的信息，但失败时居多。

C. 不去注意他们。

(7) 你出门旅行时：

A. 通常很容易就交到朋友。

B. 喜欢一个人消磨时间。

C. 希望结交朋友，但难以做到。

3. 评价标准。

题号 得分 答案	1	2	3	4	5	6	7
A	1	5	1	1	1	1	1
B	5	1	3	3	3	3	3
C	3	3	5	5	5	5	5

4. 心理透析。

7～16 分：结网能手。你凡事处理得当，合情合理，并且很艺术。无论你走到哪里，笑脸和友谊总是围绕着你，你很受朋友的欢迎，他们也愿意帮助你，别人都认为你是很有办法的人。

17～26 分：水平中等。你会有不少相处得不错的朋友，但出于各种原因，真正与你肝胆相照的知己却不多，似乎总有层东西隔在你们之间。是处世欠妥还是缺乏诚意，你要自己寻找原因。

27～35 分：结网技能较差。虽然你内心渴望友谊，但别人认为你性格孤僻。你常常使自己独立于众人之外，颇有拒人千里的意味，你过去的绝大多数行为都在向别人发出这种信号。当然这种印象可以改变，但需要你长久的努力，也许要花费比建立这个印象更多的时间才能实现。

第四章　把握好尺度——异性之间学会正常交往

进入青春期的中学生，随着生理、心理发育的日益成熟，渴求与异性交往属于正当的心理需要。正常的异性交往可以使同学们从对方那里学到一些有益的东西，如消除对异性的神秘感，更好地明白自己的身份，等等，这对健全个性是大有裨益的。但是异性同学间，只有适度的交往才能真正起到良好的促进作用。因此，同学们有必要学会把握异性交往的尺度，掌握异性交往的原则。

纯洁的异性友谊是美好的

异性友谊犹如一个难以启齿而美妙的梦，深埋心底，难与人说，但又非常想说；异性友谊好像春天的嫩柳摇曳，又恰似秋天的白云悠悠，给青少年们留下无邪的向往和令人沉醉的遐想。

进入青春期后，生理的急剧变化，性意识的迅速发展，使青少年开始向往异性，关注异性，在人生的情感世界中增添了美丽而珍贵的内容。青少年异性之间的正常交往，对于青少年心理的健康发展是大有裨益的。他们在学

正常的异性交往有利于身心健康

习上互相帮助，生活上互相照顾，纯洁的异性交往使单调、枯燥的校园生活充满情趣和欢乐，高尚的异性友谊使狂热的生命之火生生不息。

异性交往可以使男女青少年相互影响，取长补短，完善性格。另外，在男女交往的地方、异性相映的场合，男生异常勤恳而自律，而女生则格外温顺而娴静。可见，异性间的正常交往，不仅有利于激发各自的能量，还可以规范各自的行为。因此，异性交往是青少年的正常需要，其对于青少年的健康发展也是非常重要的。

男孩要引起女孩的注意，是渴望与女孩交往的表现，男女交往有以下几方面功能：

1. **有利于情感发展的补偿。**

青少年之间的情感大都是纯洁的、不带有爱情色彩的。他们之间的情感交流能够使对方得到补偿，达到心理平衡。一般说来，男孩的情感粗犷热烈、奔放外露；女孩的情感则较细腻温和，富有同情心。有的男孩出现难堪或不幸事件时，通过向女孩倾诉，会在同情声中平静下来。有的女孩若遇到挫折感到愁苦时，在和男孩交谈的过程中，又会在鼓励声中振作起来。这种异性间的情感交流是在同性身上得不到的，这对他们情感的发泄是有益处的。异性青少年通过共同的活动，异性间心理接近的需要得到了满足，会使他们获得不同程度的喜悦感，并激发起内在的活力和积极性。

2. **有利于人格的和谐发展。**

步入青春期的青少年若只在同性的圈子里交往，尽管他们的人格间也存在差异，但这种差异远不如异性间个体差异那么明显，因为异性间交往，彼此间的情感、意志、能力和行为特征等差异均比较大，这样，在人格发展过程中会较大范围地取长补短，在交往中通过不断地学习、模仿、渗透与反馈，使双方的人格都会朝理想的方面和谐发展。

3. **有利于增进心理健康。**

临床资料表明，有些性变态的患者，就是源于长期对异性怀有自卑、胆怯或不满等心理因素。因此，青少年加强交往，满足异性间的心理需求，是发展他们社会适应能力，提高心理健康水平的重要措施。

青少年应多参加有异性在内的文体活动，彼此间主动探讨些学习问题等，但需注意的是不要走入早恋的误区。

自我管理箴言

青少年与异性交往既不能过从甚密，也不可拒之千里。只有正常的交往才有利于身心健康。把握好分寸，才能建立纯洁的异性友谊。

区分开爱情和友情

不少青少年在与异性交往时常常会遭到种种非议，甚至被老师、父母所误解，以至于痛苦万分。因此，正确区分爱情和友情，不仅对当事人自己，而且对家长、老师及周围的人都是有益的。那么，究竟什么是爱情，什么是友情呢？

爱情是男女之间基于一定的客观物质条件和共同的人生理想，在各自内心形成的对对方最强烈、最真挚的、最持久的吸引和倾慕，并渴望对方成为自己终身伴侣的最强烈的、最稳定的、最专一的和最深沉的感情。

真正的爱情是健康的，男女双方是充分尊重的，不过分痴情也不咄咄逼人。将爱情给予对方比起向对方索取爱情更使自己感到欢欣，并以对方的幸福为自己的满足。下面我们看看几位哲人是怎样谈论爱情的。

歌德曾说过："哪个青年男子不善钟情，哪个妙龄女郎不善怀春。"这是人性中至纯至洁的感情。然而，现实生活中，每个人的爱情经历各不相同，对爱情的感受也各不相同，它既能给人带来快乐和幸福，也能给人带来难以忍受的痛苦和烦恼。正如俄国文学巨匠托尔斯泰所言："一千个人就有一千种爱情。"正因为如此，千百年来，爱情和性一直是哲学、宗教、心理学、美学和社会学激烈争论的问题。

马克思说："真正的爱情是表现恋人对他的偶像采取含蓄、谦恭甚至羞涩的态度，而绝不是表现在随意流露热情的过早的亲昵。""如果你在爱别人，但却没唤起他人的爱，也就是你的爱作为一种爱情并不能使对方产生爱情，如果作为一个正在爱的人，你不能把自己变成一个被人爱的人，那么你的爱情是软弱无力的，是一种不幸。"

恩格斯把爱情归结为"人们彼此间以相互倾慕为基础的关系"，他还指出："关于两性结合关系的道德评价标准，不仅要问他们是结婚的还是私通的，而且要问，是不是由于爱情，由于相互的爱而发生的。"

别林斯基说："爱情是生活中的诗歌和太阳，但是在我们这个时代，如果想把幸福大厦仅仅建立在爱情之上，并在内心指望自己的一切意愿都得到充分满足，他将是不幸的。"

瓦西列夫在《情爱论》中说："爱情是作为男女关系上的一种特殊的审美感而发展起来的，爱情创造了美，使人对美的领悟能力敏锐起来，促进对世

爱情是人类永恒的主题

界的艺术化认识。”“爱情把人的自然本性和社会本质连接在一起，它是生物关系和社会关系、生理因素和心理因素的综合体，是物质和意识多方面的、深刻的、有生命的辩证体。”

苏霍姆林斯基说：“真正的爱情，意味着不仅是欣赏美，而且要培植美，创造美。”“在生活中还有别的事情的时候，爱情才会是美好的，如果没有崇高的社会目标将人们连接在一起，爱情就会变成地狱。”

爱情是人类永恒的主题，也是人类独有的情感。自从有了人类就有了爱情，爱情史构成了人类史的一部分，也是人类精神世界不竭的动力之一。青春期的爱情如同夏日里的太阳雨，美丽却又有些伤感。爱需要理性与智慧，需要等待与心智。因而确立健康的爱情观，是青年们未来幸福生活的金钥匙。

如果给爱情下个定义，许多人都会很为难，因为越是大家都以为熟悉的事物，就越有可能是大家都没有真正了解的事物。现在我们只能这样认为：爱情是成年异性之间彼此倾慕并渴望双方互为终身伴侣的强烈、稳定、专一的情感。

首先，爱情是人类的一种高尚的情感，属于异性之间的、精神层面的情感。之所以这样强调，是因为爱情产生的前提是以异性个体为依据的，是对异性个体倾慕的结果；这种结果是以精神层面的审美为基础的，且这种审美是相互的，否则就不是爱情。

其次，爱情的生成过程伴随着生理的吸引，直接结果是欲望的满足，即生理的满足和心理的满足的统一。这是完整的爱情的依据，一般人们称之为灵与肉的统一。单纯追求生理满足和单纯强调精神追求，都不是完整的爱情——前者陷入了动物的苑囿，属于兽性；后者歪曲了爱情的真谛，属于禁欲主义。获得完整爱情的前提，是生理的发育和心理的发育均达到了成熟的状态，一般以法定的成人阶段的到来为标志，提前则被视为早恋。

再次，爱情是婚姻的前奏，爱情发展的最终结果是婚姻。婚姻具有社会属性，涉及道德、法律、责任、义务、情感、理智、审美、价值等多种因素，尤其是婚姻会产生新生命的普遍性特征，决定了婚姻以物质为基础的特性，是发展爱情的男女必须面对的爱情是成人才可以享有的情感，而未成年人是没有能力承担与爱情相关的社会责任的。

除了爱情，还有一种美好的情感那就是友情。所谓友情就是建立在共同的理想和目标之上，以真诚、信任为基础的同志或朋友间的深厚感情。它表现为人与人之间的相互了解、相互同情、相互支持、相互帮助等，具有广泛性、公开性的特点。友情在青少年眼中显得尤为珍贵，无论同性或异性，由于朝夕相处，他们共同探讨学习、工作、娱乐、人生等问题，共同分享着喜悦、激动、苦闷和烦恼。正如俄国大诗人普希金所说：“不论是多情的诗句、漂亮的文章，还是闲暇的欢乐，什么都不能代替亲密的友情。”

自我管理箴言

我们不难看出，爱情与友情两者的根本区别，其中专一性、排他性、冲动性是区分爱情与友情的重要标志。爱情具有专一性和排他性，而友情具有广泛性、公开性和非排他性。爱情具有强烈的冲动性，而这在异性的友情中却很难看到。爱情可以在友情的基础上产生，但爱情并非友情，我们必须划清爱情和友情两者的界限，特别要正确对待男女同学之间的友情。

理智对待异性爱慕

“熟透的苹果落地是有万有引力的作用，而苦涩的青苹果落地是因为爱情的作用”。随着青春期的到来，你们开始从“两小无猜”的童年，过渡到“盈盈一水间，默默不得语”的“思春期”，甚至开始渴望异性的爱慕。而一旦有勇于吃螃蟹的孩子向你倾诉爱慕之情时，你大都不知所措，或欲拒还迎，或狠心拒绝，或羞答答地接受，或直接上报老师，令对方羞愧难当……

或许，对于你们看来，老师的教学实在枯燥无味，生活也单调无比，而对异性的渴望，对异性的爱慕，无疑为你们的青春时代增添了生动的一笔。不过，早恋就像一朵带刺的玫瑰，一旦情不自禁地抚摸，就会被无情地刺伤。因此，当那份伟大的爱情出现在你面前时，你可以选择理智对待的态度，用知识充盈自己。当然，做不成“恋人”还可以做朋友，正确处理彼此之间的关系，在学业上彼此互助，这也不失为一种不错的选择。

在花一样的年华，试问，哪个少年不多情，哪个少女不怀春？关键，要看你以什么样的态度去面对。相信，当听到异性对自己表达爱慕之意时，谁的心中没有一丝欣喜之意？尤其那个人还是自己心仪的对象时，相信更没有人能压抑得住心中的那份柔情。于是，纷纷坠入爱河。不过，相信你们爱得并不坦然，你们的心灵也没有得到解放……反而，心中更加惶恐，心理承受的压力愈加增大。因为我们还没有到收获爱情的时节。

小月今年初二了，不仅品学兼优，而且长得非常漂亮，是名副其实的班花。因此，爱慕她的人很多很多。一天，她收到了一封情书：

彼此爱慕

我们在一个班相处一年多了，你给我留下了深刻的印象。你聪明、美丽、乐于助人。你那双会说话的眼睛常令我心神不定，我真的很喜欢你！星期六下午如果没有其他活动，你在学校门口的肯德基等我，咱们好好聊聊好吗？非常非常喜欢你的人——陆杰。

小月看到这封情书时，觉得里面的言语简直俗不可耐。所以，她不假思索地将情书交给了班主任。为了起到杀一儆百的作用，班主任在班上宣读了情书的内容，并当众将陆杰训斥了一顿。陆杰顿觉羞愧难当，并以一种愤恨的眼神死死盯着得意的小月。当接触到陆杰的眼神时，小月也吓了一跳，她开始后悔自己的所为，并隐隐觉得会出事。

果然，一个星期后，陆杰在小月放学回家的路上将她截住，将一瓶硫酸泼到了小月的脸上……小月重度毁容，生命岌岌可危；陆杰受到了法律的制裁；而当初他们的班主任也因情书一事处理不当而受到了相应的处分。

可见，面对异性的爱慕之情，如果采取不妥的处理方式，也会酿成悲剧！

对青少年来说，当面对异性火辣辣的爱慕之意时，抑或自己求爱未果时，不妨采取以下建议：

第一，在心底告诉自己：以学业为重，现在还不是恋爱的最佳时期。

第二，尊重对方。

第三，没必要老死不相往来，可以尝试着做朋友。

第四，果断地拒绝，不为对方留下任何幻想的余地。

第五，即使被拒绝，也不要因此怀恨在心。

第六，化悲痛为力量，努力学习知识充实自己。

第七，要从爱情中吸取进步的力量。

第八，可以将恋情暂时“冻结”起来。

青少年的个性还没有定型，生活、事业也不稳定，思想更是不成熟，没有什么社会阅历，对异性的爱慕往往是凭印象和一时的热情。有的青少年是被异性的好奇心和神秘感所驱使；有的是羡慕对方的知识和才能；有的是以貌取人，为对方的风度外表所吸引；有的是由于偶尔的好感而产生爱慕。

“爱谁就是谁”，只要爱上，就会觉得那个人的一切都是好的，彼此间都用自己对爱情的理想而把对方理想化了。青少年朋友处理爱情的最好办法是将恋情暂时“冻结”起来，既不让它泛滥，也不是硬性地终止。青少年由于沉浸在初恋的无比甜蜜而又激动不安的情境之中，很难分辨对方的优缺点，也就很难冷静地比较彼此各方面条件的异同，说出彼此相爱的较为充足的理由。

自我管理箴言

爱情是人世间最为美好而神圣的感情，它能激发人的激情与动力。青少年由于初涉爱河，一时间会痴迷陶醉，这是可以理解的，但如果因此而荒废了学业，疏远了亲朋，就与爱的本义背道而驰，得不偿失了。

用理性解开早恋的情结

男女之间的吸引，是性心理与生理发育逐渐成熟的自然反应。但这和真正的恋情还有质的区别。青少年之间的早恋，与其说是感情的建立，不如说是性欲的吸引。因为不懂得爱情，早恋所品尝的只有青涩；因为不懂得自控，早恋所得到的只有伤痛。看看身边的人，无论是谁都很难把早恋维系长久，无论是谁都会告诉我们：不理智的早恋，越早结束越好。

下面先来看一封女生写给“知心姐姐”的信：

我不知不觉地喜欢上了一个人。我一见到他和别的女生在一起，就有一种不同的感觉。一看见他就激动，有时用不着回头就能感觉到他走在自己身后。他也极力找机会接触我，他多次写“小字条”给我，表示“爱意”。课余时间，他还当众宣布“喜欢你”。我被他感动了，开始和他偷偷地约会，我们真的在恋爱吗？

看到上面的这封信，可以确信这位女同学已经迈进了幼稚的爱情世界。

青少年早恋主要有以下几个方面的原因：

一是生理发育的影响。青少年恋爱总是伴随生理的发育而产生的。德国著名诗人歌德曾说："哪个青年男子不善钟情，哪个妙龄女郎不善怀春。"青春期是人生的春天，春天到了，万物复苏，生机勃发，很难阻挡生长的力量。

二是大众传媒的影响。社会沟通传播的深入发展和普及，使一些青少年获取了一些关于爱情和男女关系的信息。特别是近年来，文学艺术刊物、小说、歌曲及影视中的爱情情节大大泛滥，整个社会的性刺激量在大大增加。这些爱情角色对青少年的心理产生了潜移默化的影响，有一定的心理暗示作用。加之青少年具有独特模仿的本能，因此引起了青少年恋爱的发生。

三是老师、家长教育不当。传统的观念使同学、家长和教师对异性交往问题的过敏和一味制止，加之青少年的逆反心理和处理事情的局限性，这就

早恋容易影响学习

使得朦胧的异性意识变为自己的追求。

异性间的情感能充实心灵，使多彩的青春增添一些梦幻般的诗韵。然而，爱情又像一团火，在净化人的心灵的同时，也有可能把人的心烧伤。所以青少年稚嫩的肩头还无法承受爱情之重。

“不要在爱情还不属于自己的时候强行去摘一枚酸涩之果”，就是在强调早恋对青少年的学习、生活和身心发展的影响和危害。

1. 早恋影响学习生活。

有句话说得好：不要去看远处模糊的东西，而要动手做眼前清楚的事情。对于青少年来讲，“恋爱”就是远处模糊的东西，而眼前清楚的事情就是学习。青少年在中小学阶段的主要任务是学习，这是毋庸置疑的。为个人的发展奠定基础，为服务社会储备知识，学习的意义决定了学习的专注性特征。而早恋者往往以恋爱为中心，不能一心一意关注学习；恋爱对象的一举一动都可能牵制自己的情感，无法集中精力学习；早恋双方交往谨小慎微的隐蔽状态，也必然分散学习精力。

2. 早恋容易伤害心灵。

青少年思想的不稳定、心理的不成熟、情感的脆弱，使恋爱双方容易在感情的波折中受到伤害。因为抗挫折能力不强，有的青少年因早恋受挫怀疑爱情，给自己的感情生活投下阴影，影响成年后的婚姻生活；有的青少年因早恋受挫怀疑人生，甚至走向极端，造成了人生的悲剧。

3. 早恋容易损害身体。

有些青少年早恋缘于生理上的早熟，而性意识萌发，对异性欲望强烈，容易激动，感情难以自控，行为容易冲动而不计后果，导致未婚性行为或未婚先孕等情况出现。其中女性不仅在心理上担惊受怕，而且在身体上还会承受痛苦，甚至对成年后感情生活的影响极大。

4. 早恋影响婚姻幸福。

调查显示，早恋难以走进婚姻殿堂，因为早恋的盲目性和不成熟性。即使早恋者没有受到父母和学校的干预，幼稚的情感也是难以持久的。因为导致早恋双方产生裂痕的因素很多，如升学、转学、工作、经济状况等诸多因素都使早恋的情感不能维系。而这段早恋的经历对今后的婚姻生活有着不可低估的影响。如有的人摆脱不掉早恋失败的阴影，使自己的婚姻生活不和谐；有的人由于早恋造成生理上的伤害，直接影响了自己一生的婚姻生活和家庭幸福。

总之，早恋弊大于利。该学习时想谈恋爱，该恋爱时又想学习，确实有一些人总是弄不清人生各个阶段的主要任务是什么，常常在悔恨中度日。青少年无事业根基和经济基础，无能力承担与爱情相关的责任与义务，却有人生中最旺盛的精力和最强的记忆力，是应该用这段最佳时期谈恋爱，还是用来学习科学文化知识，为今后长远发展奠定良好基础，大概不是什么太难选择的问题。

自我管理箴言

早恋是一朵带刺的玫瑰。还在长身体、求知识的青春期男女过早地迈入爱情世界，一般是不会得到家长、教师和社会的支持的。青少年朋友跨入这个门槛，需要十分慎重。

做被女同学尊重的男生

当男生开始意识到自己是“大人”了之后，便努力把自己装扮成一个男子汉大丈夫，不只希望成为男同学心目中的英雄，更希望成为女生佩服尊重的朋友。要真正实现这一目的，请男生从以下几点做起：

1. **真正尊重女生。**

男女同学只有性别差异，并无高低之分，互相间应保持平等关系。比如文体活动、劳动卫生活动、学习竞赛活动都要充分体现出对女生的尊重。有些男同学见女生在班上出类拔萃了，便表现出不以为然的态度；见女生在班上名落孙山了，则表现出鄙夷之色，这是很让女生反感的。

2. 不装花花公子。

进入青春期之后，男生开始追求潇洒、气派、魅力了，但又不明白这些字眼的真正含义，而是刻意模仿那些张狂、浮华、刁蛮之徒。比如有些男生从蓄发留须、抽烟酗酒开始，一直到吆三喝四、斗殴闹事，以为这样一来便成了英雄豪杰，便会受到女生的注目。殊不知，这会令女生格外讨厌和害怕。

3. 不侵扰女生的“禁区”。

女生有封闭心理，也有许多不容男生窥知的隐秘。男生不要在此方面表现出太多的好奇心，不要追三问四，津津乐道。比如女生的年龄、家庭状况、亲戚关系、好恶习惯等，男生都不要过分关心。许多女生是不喜欢男生对她论长道短的。女生作为异性形象，更有男生不容涉足的领域。男生若不识相、不知趣，同样会被女生看轻。

4. 不要对女生有“异心”。

有些男生一厢情愿地认为：我对女生有情，她自会对我有意。其实，进入青春期的女生虽有爱的渴慕，但多半只是些梦幻式的。她们并不希望付诸行动，甚至把现实中的恋爱视为“羞耻”。她们有时也欣赏男同学，甚至希望接近男同学，但一旦真的有人要与她“恋爱”，她会震惊不已，难以接受。结果会使本来很好的同学关系弄尴尬了，影响男同学的自身形象。

5. 培养粗犷、刚强的风度。

女性特点是细腻温柔，男性特点是粗犷、刚强。所以男生在待人处世、行为方式、举止动作上要努力显示这一特点。这在女生眼里便是一种男性美。粗犷就是大度、洒脱、心胸宽广、目光远大、不计较个人得失、情绪稳定、热情开朗。刚强就是耿直、坚毅、不屈不挠，表现出顽强的韧劲、很强的自信心

男生应树立良好的个人形象

和勇于进取的精神。

6. **注重内在形象塑造。**

真正的男性应是内涵丰富、智慧超人、才能卓越。一个平平庸庸、碌碌无为的男性，即使他表面强大，也是内心弱小；即使他外表华丽，也给人中看不中用的感觉。

自我管理箴言

男生应利用在学校读书的大好时光认真学好功课，丰富知识，练就过硬本领，增加自己的分量。这样的男生才会给女生踏踏实实、稳重可靠、值得信赖的良好感受，才会受到普遍的尊敬和欢迎。

与异性交往把握好度

处在青春期的学生，有许多秘密。他们对成人，包括父母、老师，不太乐意谈知心话。与成人交流逐渐减少，但与同龄同学交往日益增多。

由于社会意识和舆论的因素，青少年的两性交往常常受到家长、老师的不恰当干预，容易诱发其“你们不许我这样做，我偏要这样做”的心理。在这种逆反心理的作用下，有些本来正常恰当的异性交往可能会迅速向早恋发展。

一位初三学生的母亲来到“心语小屋”，向文老师道出了自己的担忧：

那天，女儿一进家门，我就指责她：“我从窗户向外望，怎么总看到有个男生送你回家啊？他是谁？”

“你还在监督我吗？他就是我们学校的同学啊，送我回家怎么了？”女儿不以为然地说。

“那你在房间悄悄打电话，也是打给他的喽?”

“你怎么管这么多啊？你是不是总在偷听我呀?”女儿开始不耐烦了。说着，走进自己的房间，重重地关上了门。

其实，我三个月前就感觉到她早恋了，因为发现总有个男同学送她回家。有一次，我故意没敲门进她房间，她很快挂断电话，并埋怨我偷听，侵犯了她的隐私权。更让我不能容忍的是，同事告诉我，曾看见女儿和一个男生在大街上手牵着手，行为非常亲密。

今天我打算和她彻底摊牌。

“你还想不想好好学习了？你考重点高中的愿望早晚会被那小子耽误了，我一看那小子的打扮就知道他不是什么好东西。告诉你，赶紧和他断绝来往。”我推开她房间的门，发出了最后通牒。

“我们并没有做什么嘛，根本没有影响学习。”女儿强硬道。

“不可能不影响学习，你看看你的成绩，从原来班里的前十名都下滑到哪里了？现在快成倒数了，还没影响呢!”

“那是我这段学习状态不好。”

“为什么学习状态不好呢，还不是谈恋爱影响的啊?”

“你别管我了，心里正烦着呢。”

我开始意识到问题的严重性，耐着性子劝女儿不要陷入这段感情，并列举了种种危害，比如，影响学习，影响以后的人生路。可女儿并不听劝告，还笑我观念落伍。愤怒之下，我第一次动手打了她，从此我们母女俩的关系陷入了僵局。

在这件事上，我真的束手无策，总怕女儿因此影响学习，总怕女儿受到伤害。我真后悔自己没有及早干涉女儿与那男生的过度交往，也后悔自己无法走入孩子的内心。

当你和异性朋友常常出双入对、形影不离，不愿扩大交往圈子时；当对方的一举一动都牵动着你的心思时；当对方不在你身边，你就坐卧不安，大有一日不见如隔三秋之感时；当你们的举动已超出了朋友间的亲密程度时，就很难以友谊来解释了。此时的你，就应该以冷静的头脑审视自己和异性朋友间的关系，否则，感情的洪流很有可能冲毁理智的堤坝。

与异性同学交往，需要把握好度。在集体中的异性交往，每人所面对的是一群异性同学，他们各有所长，或幽默健谈，或聪明善良，或乐观大度，或稳重干练。这就使每个人在吸收众人优点的同时，开阔了眼界和心胸，避免了只盯住某一位异性而发展“一对一”的恋爱关系。

需要注意的是，假如互有好感，相处愉悦，每次约会的时间越来越长，直到彼此难分难舍。这时一定要适可而止，必须减少单独在一起的次数、时间，见面时多谈谈学习上的事情，使双方的感情降温。

自我管理箴言

只要把握与异性同学交往的尺度，诚恳对人，热情大方，自尊自重，便能以自身良好的修养和人品赢得异性的尊重和友情。

与异性交往要学会保护好自己

青少年大方而潇洒地与异性伙伴交往，这是青春期正常的心理需要。正值人生花季的少男少女毕竟初涉人生，社会生活经验少，必须警惕行为不轨的成年人以未成年人为目标的性骚扰、性犯罪，也要防止同龄人之间，因不善于控制自己而发生越轨行为。在关键时刻，善于说“不”。并且及时采取有效的措施，你就能够保护自己不受性的侵害。具体来说，不妨做到以下事项：

1. 你的身体，由内衣或游泳衣遮盖的部分，是不能随便让别人抚摸的。拥抱、抚摸和亲吻等行为和过于亲密的身体接触，是“边缘性性行为”，所以应该坚决拒绝。

异性交往要保持一定的距离

2. 如果一个异性站立或就座时过于贴近你，两眼紧盯着你的大腿和胸部，跟你过分亲热地交谈，你就要对他提高警惕，最好立即离开他。与异性交往，保持自己的“一米线”，就不易上当受骗。

3. 如果你对某一异性，从刚开始接触时，就觉得此人值得怀疑，那么你就不要和他独处。

4. 不要同街上那些惯于成群结伙以滋事为乐的男孩子交往。这类人常常互相怂恿，结伙闹事并对自己的“勇敢行为”津津乐道。

5. 不要去光顾各种夜总会以及成人“夜生活”涉及的场所，因为这种场所提供的烈性饮料，轻佻氛围会使年轻人难以驾驭自己。

6. 在路上行走要分外留神。夜晚应该行走于有照明的街道，忌行黑暗的胡同、林荫小道和穿越树丛等。夜间行路最好沿行车道逆行，这样在突遭不幸时，可被迎面而来的车辆发现，如果发现有可疑者跟踪，要尽快奔到有路灯和行人较多的路段。如发现跟踪者已来到身边，并图谋不轨，要立即拔腿飞跑并高声呼救。夜晚回家最好找可靠的人伴送，以防意外。

7. 不要让刚刚认识的人送行，不管该人表面上如何热情善良。如果事先估计自己有可能晚归，就要预先选择比较安全的返回路线，并要亲人到时循路来接。

8. 每次与朋友、同学一起活动，不要在过于封闭的环境，至少要有四五人以上。

9. 一旦发现有人对你图谋不轨，你应该毫不犹豫地予以拒绝。为避免受害，行之有效的方法有下列三种：迅速逃离；奋力反抗；大声呼救。

10. 假若不幸遭遇坏人，致使你体力不支或呼救无援而不幸受到污辱，你也不必自怨自艾，而要鼓足勇气，立即报警，追缉罪犯归案。

自我管理箴言

青少年学生平时穿校服是对自己最好的保护；打扮不过于成人化；女孩在夏天不要穿过于暴露身体的衣服；不要脱离家长、教师、同伴保护的环境，如果做到这些你就可以大大减少受到性侵害。

自我管理基地

交际检测

测试一：你害羞吗？

1. 测试导语。

有些人讨厌面对人群或是害怕面对人群，他们不只是觉得害羞、不好意思，而是对自己以外的世界有着强烈的不安感和排斥感。这种因对社交生活和群体的不适应而产生的焦虑和社交障碍称做社交恐惧症。那么你是否患有社交恐惧症呢？你可以进行下面的测试得知。

请在 15 分钟内完成试题，每题有 5 个选项：A. 根本不符合；B. 某方面符合；C. 比较符合；D. 大部分符合；E. 完全符合。

2. 测试开始。

（1）和不熟的人聚会时，我会很不自然。

（2）和老师或上级交谈时，我会很不自在。

（3）我在面试中常常不知所措。

（4）我是个比较内向的人。

（5）和权威人士对话使我很害怕。

（6）即使在非正式场合我也会感到不安和害怕。

（7）我处在与我不同类型的人群当中感觉很舒服、很自在。（Q）

（8）假如给一个陌生人打电话，我会有紧张感。

（9）和交往不深的同性交谈会让我产生不适感。

（10）和异性谈话时我会感到更加自在。（Q）

（11）我是个比较不害怕与人交际的人。（Q）

（12）在人多的场合我不会有什么不自在。（Q）

（13）我想让自己更擅长与人交际。

（14）和很多人聚在一起时我不知该做什么。

（15）如果面对一位吸引人的异性，我会不知所措。

3. 评分标准。

不带“Q”的题目，选A计1分，选B计2分，选C计3分，选D计4分，选E计5分；带有“Q”标记的题目反向记分，即选A得5分，选B得4分，选C得3分，选D得2分，选E得1分，最后计算总分。

4. 心理透析。

15～59分：善于交际，没有社交恐惧症。

60～75分：不善于交际，有社交恐惧症倾向。

社交恐惧症已经是在抑郁症和酗酒之后排名第三的心理疾病，而且因为现在每个人面临的压力越来越大，所以罹患的人数有上升的趋势。治疗社交恐惧症可分为心理治疗和药物治疗。病状较轻微的人只需要接受心理治疗；若是病情较严重，就应该请求医师配合药物治疗。

测试二：你的人缘怎么样？

1. 测试导语。

人缘即是指同领导、下属、同事、朋友等的关系，那么你的人缘怎样呢？请你根据自己的实际情况，对下面15个问题如实回答，然后对照后面的分数统计表计算分数，再看分数评语，你就会知道自己是否善于交朋友，以及人缘如何。

2. 测试开始。

（1）当你有问题的时候，你是：

A. 通常感到自己完全能够应付这个问题。

B. 向你所能依靠的朋友请求帮助。

C. 只有问题十分严重时，才找朋友。

（2）下面哪一种情况对你最为合适，或者接近你的实际情况？

A. 我通常让朋友们高兴地大笑。

B. 我经常让朋友们认真地思考。

C. 只要有我在场，朋友们就会感到很舒服、愉快。

（3）假如朋友对你恶作剧，你会：

A. 跟他们一起大笑。

B. 感到气恼，但不溢于言表。

C. 可能大笑，也可能发火，这取决于你的情绪。

（4）当你放假的时候，你会：

A. 很容易交上朋友。

B. 比较喜欢自己一个人消磨时间。

C. 想交朋友，但发现这不是一件很容易的事。

（5）假如让你参加一次活动，或者在聚会上唱歌，你会：

A. 找借口不去。

B. 饶有兴趣地参加。

C. 当场就直接地谢绝邀请。

（6）在下面的三种品质中，哪一种你认为是你的朋友应该具

交友一定要谨慎而真诚

备的？

A. 使你感到快乐和幸福的能力。

B. 为人可靠、值得信赖。

C. 对你感兴趣。

（7）你和朋友们在一起时过得很愉快，是因为：

A. 你发现他们很有趣，既爱玩又会玩。

B. 朋友们都很喜欢你。

C. 你认为你不得不这样做。

（8）你和朋友的关系一般能维持多长时间？

A. 一般情况下有不少年。

B. 有共同感兴趣的东西时，也可能一起待几年。

C. 一般时间都不长，有时是因为迁居别处。

（9）你发现：

A. 你只是同那些能够与你分担忧愁和欢乐的朋友们相处得很好。

B. 一般来说，你几乎和所有人都能相处得比较融洽。

C. 有时候你甚至和对你漠不关心、不负责任的人都能相处下去。

（10）当你的朋友有困难时，你发现：

A. 他们马上来找你帮助。

B. 只有那些和你关系密切的朋友才来找你。

C. 通常朋友们都不会麻烦你。

（11）当你安排好见一个朋友，但你又感到很疲倦，却不能让朋友知道你的这种状况时，你会：

A. 希望他会谅解你，尽管你没有到朋友那儿去。

B. 还是尽力去赴约，并试图让自己过得愉快。

C. 到朋友那儿去了，并且问他如果你想早回家，他是否会介意。

（12）假如朋友想依赖你，你有什么想法？

A. 在某种程度上不在乎，但还是希望能和朋友保持距离，有一定的独立性。

B. 很不错，我喜欢让别人依赖，认为我是一个可靠的人。

C. 我对此持谨慎的态度，比较倾向于避开可能要我承担的某些责任。

（13）你要交朋友时，是：

A. 通过你已经熟识的人。

B. 在各种场合都可以。

C. 仅仅是在一段较长时间的观察、考虑，甚至可能经历了某种困难之后才交朋友的。

（14）对你来说，下面哪个是真实的？

A. 我喜欢称赞和夸奖我的朋友。

B. 我认为诚实是最重要的，所以我常常不得不持有与众不同的看法，我讨厌鹦鹉学舌。

C. 我不奉承但也不批评我的朋友。

（15）一位朋友向你吐露了一个非常有趣的个人问题，你的想法是：

A. 尽自己最大努力不让别人知道它。

B. 根本没有想过把它传给别人听。

C. 当朋友刚离开，你就马上找别人来讨论这个问题。

3. 评分标准。

题号 / 得分 / 答案	1	2	3	4	5	6	7	8	9	10	11	12	13	14	15
A	1	2	3	3	2	3	3	3	3	3	1	2	2	3	2
B	2	1	1	2	3	2	2	2	1	2	3	3	3	1	3
C	3	3	2	1	1	1	1	1	2	1	2	1	1	2	1

4. 心理透析。

36～45 分：你对周围的朋友都很好，你们相处得不错，而且你能够从平凡的生活中得到很多乐趣。你的生活是比较丰富多彩而且充实的，你很可能在朋友中有一定的威信，他们很信任你。总之，你擅长结交朋友，你的人缘很好。

26～35 分：你的人缘不怎么好，你和朋友们的关系不牢固，时好时坏，经常处于一种起伏波动的状态。这就表明，一方面你确实想让别人喜欢你，想多交一些朋友，尽管你做出很大努力，但是别人并不一定喜欢你，朋友跟你在一起可能不会感到轻松愉快。你只有认真坚持自己的言行，虚心听取那些逆耳忠言，真诚对待朋友，学会正确地待人接物，你的处境才会改变。

15～25分：这下麻烦了！你可能比较孤僻，不喜欢扎堆，而是更享受独来独往。但这不代表着你没有朋友，也不能代表着你不会交朋友，更不代表着你人缘不好。你之所以喜欢独来独往，很大部分原因可能是由于你对社交活动以及人与人之间的关系不感兴趣。然而，你需要记住，要想在社会上生活，必须与他人交往。一旦认识到这一点，相信你很快就会做出改善。

想要有好的人缘，应该怎样去做呢？俗话说“牵牛要牵牛鼻子”，这人缘的事情当然离不开“真诚”二字。只要对他人真心实意、开诚布公、诚实守信……相信离拥有好人缘这条路就不远了。但是很多人仍然犹豫“我真诚待别人，能换来别人真诚待我吗？”人世间的尔虞我诈早已经吓坏了曾经相信真诚的人。但是我们还是要坚信世界上好人多，坏人少，只要能用真诚去感化他人，相信他们也会“归顺”的。

第五章　打扫好心灵——让朋友走进自己的内心

要想给别人留下好印象，在第一次交往时，你就应该用积极、乐观、自信的情绪去感染对方，这样对方就会被你的健康情绪所吸引，从而为后面的深入交往打下好的基础。在社交中，好的情绪能够感染对方，能让对方愉快地接受你。因此，学会调节自己的情绪就显得至关重要。

学会打开自己的心门

世间有供人通行的桥，也有很多无形的桥。微笑是桥，陌生人靠它走近；爱心是桥，它让一颗心走进另一颗心成为可能；书籍是桥，它是让读者的心灵抵达到作者的心灵的快速通道；书法是桥，它让普通人陶冶情操步入艺术的殿堂；音乐是桥，它带人融入旋律，走向共鸣；舞蹈是桥，柔美的肢体语言连接着温馨和美好；理解是桥，搭建在心存芥蒂的人之间，化干戈为玉帛。

在一座厚实的大城门上挂着一把沉重的巨锁，铁棒、钢锯都想打开这把锁，以显示自己的本事。"我这么粗大，坚强有力，纵使这把锁再坚固，我相信凭借我的力量也能把它打开。"铁棒自以为很有办法，相信一定可以打开这把锁，因此得意洋洋地说。可是，它在那里努力了大半天，一会儿撬，一会儿捶，一会儿砸，费了很大的劲，最后还是无法打开门锁。钢锯嘲笑它说："你这样是不行的，要懂得巧干，看我的。"只见它拉开架势，一会儿左锯锯，一会儿右拉拉，可是铁锁丝毫不为所动。就在它们两个垂头丧气的时候，一把毫不起眼的钥匙不声不响地出现了。

"要不我来试试吧？"小小的钥匙对两位气喘吁吁的败将说。

"你？"铁棒和钢锯不屑一顾地看了看这个扁平弯曲的小东西，异口同声地说："看你这副弱不禁风的样子，我们都不行，你能行吗？"

"我试试吧。"钥匙一边说一边钻进锁孔，只见门锁"腾"地松动了一下，接着那副坚固的门锁就开了。

"你是怎么做到的？"铁棒和钢锯不解地问道。

"因为我最懂它的心。"钥匙轻柔地回答。

与人交往，也是贵在"交心"。必要时轻轻地拨动他内心深处的一根弦，就很可能让他和你产生共鸣。一旦触摸到对方最脆弱、敏感的一环，观察到他的心理状态和情绪反应，你就能轻松地软化他。你的言语就会像暖和的春风一般化解他冰冷的淡漠，他一切的防御都将被彻底地瓦解。尤其是面对陌生人，你唯一能打动他的武器就是“语言”，即用能温暖人心的话语对陌生人实行“攻心战”。在与陌生人交往时，给人一点温暖，哪怕是一句真诚的话语、一个体贴的动作，有时也能打动陌生人的心。

关心别人、体贴别人的善心，有时能起到不可思议的作用，能够融化沟通的坚冰。因此，在与陌生人相处时，要主动给对方一些关怀和温暖，这是获得人心的不二法宝。与陌生人交往时，第一次谈话就尽量要打动对方的心。只有对方的“心”为你而“动”，交往才有可能继续下去。那么，在第一次谈话时，如何做才能打动对方的心呢？

第一，态度要热情。

与陌生人初次结识，主要是通过语言接触的。在这里，语言作为思想感情的流露，首先要热情、自然、真诚，以消除对方的戒备心理。

敞开心扉，赢得友谊

第二，消除说话时的紧张感。

与陌生人说话时，有的人难免产生紧张感。一紧张就会辞不达意，也有可能"结巴"，这些都会影响对方对你的看法。所以，消除说话时的紧张感是很有必要的。其方法是说话之前先做深呼吸，这样可以缓和心跳速度，也可减少焦虑。

第三，要注意适当停顿。

当与陌生人进行交谈时，有意识的停顿可加深对方对你的印象。这样，即使与陌生人分别很久，他也能够清楚地记得你们交谈的情景。因为有意识的停顿，能使讲话层次分明，突出重点，吸引听话人的注意力；适当的停顿，能够使听的人明白你所讲的内容分为几个段落，前后互相照应。只有条理清楚的讲话，才会表现出很强的逻辑性，才会更具有说服力，使别人佩服你的口才。如果不懂得适时的停顿，滔滔不绝地一直讲下去，会使人有急促感，对你的讲话也就不知所云了，自然也就对你不会有什么好印象了。

自我管理箴言

只有心与心的交往才能产生共鸣。"交心"意味着尊重和理解对方真实的感受。那些不能与人"交心"的人，永远只能徘徊在别人的心门之外。

走出交往的自闭心理

从社会心理学的角度来看，自我封闭是指个体将自己真实的思想、情感、欲望掩盖起来，试图与世隔绝。严重者则对任何人都不信任，怀有很深的戒备，很少或根本没有社交活动，隔断了与他人的交往。具有自闭心理的青少年，平时很少与他人交往，与同学、老师的关系很难融洽，稍不如意则大叫大嚷或干脆拒绝沟通。

不少处于青春期的少男少女，也许有一天他们会突然发现自己有了这样的变化：以往的自己喜欢毫无保留地与同伴分享自己的喜怒哀乐，现在却变得沉默寡言；以往喜欢嬉戏打闹，现在却时常沉思静想；以往喜欢结伴玩乐，现在却更愿意独处。与爸妈的“代沟”似乎越来越明显，交流也越来越少，抽屉是上了锁的，日记也是上了锁的，我们宁愿沉浸在一个人的世界里，也不愿与他人更多地接触。其实，这些变化都是因为青春期的我们不自觉地给心灵上了锁，自我封闭起来，是一种“锁闭心理”。

发展心理学家认为“锁闭心理”并不可怕，这是大多数处于青春期的青少年都会经历的一种心理现象。因为随着青春期的到来，青少年在生理上产生了巨大的变化，对周围的事情的感受变得敏感而细腻，因此容易出现情绪波动，而且经常无法控制自我，自我意识非常脆弱和不成熟。这时候如果情感上受到打击，人格上受到羞辱，就极易对现实生活产生不信任感和恐惧感，从而走向逃避和隔绝的自闭之路。

社会学家认为自闭也是对社会的消极对抗。自闭是为了保护自己，休养生息，也是一种沉默的抗议。对处于青春期的青少年来说，最受不了的就是公开的羞辱，但是这种情况随处可见。比如，有的青少年早恋，或者难免做错事，这时候如果大人不顾当事人的感受，当面羞辱呵斥，或者公开进行批评教育，就很容易造成当事人的锁闭心理。再比如，有的青少年出身单亲家庭，或者自身有某种缺陷，经常受到同伴嘲笑，也非常容易产生锁闭心理。

拒绝孤单，远离自闭

锁闭心理一旦产生，人就会与周围的一切产生隔膜，而且经常伴随“白日梦”，在自己的幻想中寻找安慰。这时候，友情、爱和书籍是他们最向往的东西，而这些东西也最容易把他们从自闭当中解救出来。换个角度看这一问题。自闭也是人重新认识自己的一次机会。

那么，青少年自闭的心理是怎么形成的呢?

首先，家庭环境不良是造成青少年自闭心理的重要原因。家庭对一个人的心理形成具有举足轻重的作用。患有自闭症的学生，家庭往往是残缺的。或是父母离异；或是自幼失去父母；或是从小被寄养；或是父母虽未离异，但家庭不和睦；还有的是家长忙于工作或生意无暇照顾孩子。这样的家庭只满足于孩子物质上的需求，却很少注意到孩子精神的需求和心理的健康。孩子得不到心灵的沟通与温暖，有了心里话也无人诉说，久而久之，就造成了孩子的自闭心理。

其次，学习环境不良也是造成学生自闭心理的原因。父母和老师都对孩子的学习成绩和文艺特长的培养十分重视，平时孩子的时间被学习填满，周末和节假日又被迫去各种各样的特长班和补习班。孩子社交能力的培养却往往被忽视，甚至有家长认为孩子只要学习好就什么都好，培养孩子的社交能力是在浪费学习时间，到孩子出现问题时才后悔莫及。那些学习成绩较差的学生，在学习期间由于长时间得不到别人的关注，极少体验到成功的喜悦。他们自我表现的愿望长期受到压抑，最终造成了学生的自闭心理。

第三，有些青少年自闭是由一些心理原因引起的。如好胜心受挫，形成自卑、孤僻的性格。青少年的好胜心受到挫折后，认为“再努力也追不上人家”。不愿与同学、老师、家长交往，这些学生往往因学习不努力、纪律散漫等原因受到家长、老师等人的指责、批评，久而久之好胜心被冷嘲热讽、无端指责所泯灭，产生了心理上的不平衡和自卑、自闭的性格。有的学生由于各种原因经常受到老师、家长的批评，导致他们总感到什么事都做不好，以致羞怯、慌张、心胸狭窄、脾气暴躁。

最后，懦弱的性格、孱弱的体质也是造成自闭心理的原因之一。懦弱的性格加上孱弱的体质，常使学生精神不振，失去做事的兴趣，一切都具有依赖性，缺少锻炼的机会，也就没有成功的喜悦，因此失去了独立的人格，长此以往造成了自闭心理。其他如倔强、抑郁的性格，长期的独处也易造成自闭心理。

自我管理箴言

自闭是一种心理状态，通俗的解释，就是自我封闭，自己把自己“关”起来。有自闭症的人往往不愿意见人，不愿交际，不能面对现实，而是用一种逃避的方式来对待人生，就像把头埋在沙土里的鸵鸟一样，自闭会严重危害青少年的身心健康。

远离交际时的焦虑

与锁闭心理相比，社交焦虑对青少年健康成长的不利影响更加显而易见。人类是喜欢群居的社交动物，我们有被人关心的需要，也需要关心别人，将自己孤立起来的危害是显而易见的。大多数人都害怕被人拒绝，被社会排斥。特别是敏感的青少年，他们会十分在意自己是否能给他人留下良好的印象，有时甚至会故意做一些出格的事情来吸引同伴和父母的注意。他们面临这样的困境：他们一方面强烈地渴望与人交往、被人理解、受人欢迎，另一方面又害怕自己做得不够好、害怕别人不喜欢自己、更害怕当众出丑。于是他们变得紧张，甚至有可能回避必要的社会交往。

社交焦虑也叫社交恐惧症，其主要症状表现为：赤面（脸红）恐惧、视线恐惧、对视恐惧、表情恐惧、异性恐惧、口吃恐惧、书写痉挛恐惧、体臭恐惧、聚餐恐惧、当众发言恐惧等。例如视线恐惧的常见表现是害怕和别人的视线相遇，怕别人看到他表情不自然，或者感到别人的目光很凶恶，或者从别人的眼光中能看出对他的鄙视、厌恶甚至憎恨。社交恐惧症发作厉害时会伴有头晕、恶心、震颤等现象。严重者拒绝与任何人发生接触，不能参加任何社交活动，完全把自己与外界隔绝，无法上学和工作。

在美国，社交恐惧在人群中占12%～13%，即每8个人中就有1个人，美国将其列为社会三大危害之一。社交恐惧症多开始于青春期，只有少数开始于20岁以后。四川省华西医院心理卫生中心曾开展了我国首次社交恐惧症流行病调查，结果显示：81.5%的学生患有较严重的社交恐惧症，其中女孩多于男孩。北京安定医院的医生对北京市的1 000多名中学生进行的社交恐惧症现状的调查结果也显示：在中学生中从没有出现过社交恐惧症状的不足两成，出现过社交恐惧症状者高达80%，其中严重者占1.4%。这些数据都说明：社交恐惧症在中学生当中十分常见，学生本人、家长及学校都必须正视这一问题。

导致社交恐惧症的原因很复杂。有的人认为是受家庭环境的影响：父母本身性格内向，交往面较窄，无法给孩子正确的引导，孩子在父母的潜移默化之下可能形成内向自闭的性格，逐渐导致社交焦虑。也有人认为是一些心理原因造成的：有的是因为心理创伤留下的阴影；有的是因为对自己缺乏自信总是担心出错；有的是完美主义情结作怪对自己过分苛求；有的是因为过分关注自己的某些生理缺陷（如口吃、肥胖等），或者是自尊心太强不能忍受别人的拒绝，等等。一些社交礼仪方面的专家则认为，社交恐惧的主要原因是社交技巧和社交锻炼的缺乏。

社交恐惧是一种消极的情绪体验

当然确实患有社交恐惧症或者有社交焦虑倾向并不可怕，清除社交恐惧首先就要积极寻求专业治疗人士或者心理辅导老师的帮助和认真学习有效的自助方法。

其次，要战胜自己。我们知道，世界上没有十全十美的人，也就是说每个人都有不足之处。所以，既不要无限夸大别人的优点，也不要随意扩大自己的缺点。其实你在别人的眼中也是非常不错的，只要我们积极与他人结交，那么你也是其中非常优秀的一员。

最后，还应该牢固地树立起这样的信念：我是独一无二的，在这个世界上，没有跟我完全相同的第二个人。天生我材必有用，我的存在一定会有价值，我也一定能够找到自己存在的价值，因为我是独一无二的！要相信自己的能力，学会在各种活动中自我提示：我并非弱者，我并不比别人差，别人能做到的，我经过努力也能做到。认准了的事就要坚持干下去，争取成功；不断的成功又能使你看到自己的力量，变自卑为自信。这样，无论在任何情况下，你都会对自己说：我能干好。在工作和生活中你就会有自尊、愉快、好胜等良好的心态，从而在工作和生活中取得成绩。

自我管理箴言

社交焦虑是一种消极的情绪体验，它的形成过程比较复杂。成长过程中经常受挫折、缺少社会支持、自我意识感强、自卑、模仿与暗示都可能强化社交焦虑。

如何克服羞怯心理

今大，中学生交际能力的培养和提高愈来愈受到重视。但相当大一部分同学在校内外交际中都不同程度地表现出羞怯这种心理障碍。不仅影响现在的交际，甚至会影响到今后寻找理想的职业。因此，克服羞怯心理是十分重要的。

一般来讲，羞怯心理有以下几种表现：

1. 站在陌生人面前，总感到有一种无形的压力，似乎自己正在被人审视，不敢迎视对方的目光，感到极难为情；

2. 与人交谈时，面红耳赤，虚汗直冒，心里发慌。即使硬着头皮与人说上几句，也是前言不搭后语、结结巴巴；

3. 不善于结交朋友，于是常感孤独，常因不能与人融洽相处或充分发挥自己的才干而烦恼；不善于在各种不同场合对事物坦率地发表个人意见或评论，因此不能有效地与他人交换意见，给人拘谨、呆板的感觉；

4. 常感到自卑，在学习和生活中往往不是考虑取得成功，而更多的是考虑不要失败。

羞涩产生的原因是什么呢？害羞是先天还是后天的呢？

从心理学的角度看，害羞既有先天因素又有后天因素。天生害羞的人是少数，主要与人的神经活动类型和生理缺陷有一定的关系。先天因素的影响是有限的，更重要的是受早期父母教育模式、学校教育及周围环境等后天因素的影响。美国心理学教授泰姆巴杜曾对数以万计的对象进行调查，结果发现：有害羞表现的成人，其中有1/4在儿童时代并不害羞；也有相当多的有害羞表现的儿童，长大后无此表现了。许多名人，如美国总统卡特，四次奥斯卡奖获得者——著名影星凯瑟琳·赫本等竟然也曾有过害羞的心理特点。这说明害羞主要是后天逐步形成的。

人之所以会害羞是有很多原因的。如由于自尊心太强，对自己关注太多；整天患得患失，害怕一旦出丑就会遭到人耻笑；从小就是家里的宝贝，没有接触社会，也很少与他人打交道，缺少锻炼，性格胆怯懦弱；曾经受过伤害，也就是“一着被蛇咬，三年怕井绳”。

学会克服羞怯情绪

害羞的原因既然大部分是后天形成的，因此完全能够改变，可以试用以下的方法：

1. 要敢于在众人面前亮相。日本有个专门训练管理人才的学校，为改变学员害羞的习惯，让学员穿着笔挺的西装，赤着双脚到公园走一圈，或者让他们在陌生人面前若无其事地演说20分钟。通过这种方法，他们成功地使学员摆脱掉害羞的毛病。这种方法之所以十分奏效，原因在于，害羞之人常常不敢在众人面前亮相，而学校则是抓住了这一点，使学员经常在众人面前亮相，久而久之，学员面对众人就能泰然自若，没有丝毫害羞之感了。因此，你若想摆脱害羞，不妨尝试着运用这一方法。如你实在难为情，没有这个勇气，可摸索一些过渡的方法。如你害怕在大庭广众之下发言，可在开会前拟好讲稿，自行练习几遍，直至胸有成竹。在开会发言时，你因熟悉所讲内容，语言流畅，心情也就镇定，害羞的程度自然就降低，甚至无影无踪了。

2. **要寻找榜样。**

矫正自己的害羞，还可以采取寻找榜样的方法。社会心理学研究表明，交往的对象影响自我表现的程度。有个十分有趣的实验：实验人先请甲和乙对他们自己进行自我描述，然后让甲与一个自负、好夸张的人在一起，让乙与一个谦虚谨慎的人相处。一段时间后，再让甲、乙两人重新进行自我评价。结果，与自负的人相处的甲，第二次自我描述中明显增加了自我肯定的、积极的个性品质；而与谦虚的人相处的乙，第二次自我描述则减少了肯定的品质，增加了消极的品质。因此，害羞的人最好寻找具有开放、天真、潇洒、刚毅性格特征的人作为朋友，以他们为榜样。通过互相接触，他们会对害羞的人产生潜移默化的影响，从而使害羞的人克服掉害羞心，或增加社会经验，锻炼与陌生人打交道的能力。

3. **要燃烧起自信的火炬。**

黑格尔曾经说过：“人应当尊重自己，并应自视能配得上最高尚的东西。”凡是害羞的人往往感觉自己不如别人，而且因为自己的缺点而自惭形秽。这是非常可怕的，必须做出改变。一般来说，要想改变害羞，就应该逐渐改变自我观念，不断想到自己拥有别人所没有的长处，增强自信心，无论是在工作中还是在生活中，要大胆表达自己的想法，即使错了也要感觉没有关系，不断加强与别人的交流，只有这样，才能变得活泼、开朗，这是走向成功的必要条件。

4. 学会同各种各样的人打交道。

中学生不能只限于同个别要好的同学交往，在狭小的交际圈内活动，而要训练与不同性格、不同气质、不同年龄的人打交道。学会向平时见面交谈不多的人如其他年级的同学、老师和领导问好，在集会或聚会时要善于利用间隙时机与周围的人攀谈，养成良好的交际习惯，逐渐消除羞怯心理。

5. 关键时刻表现自己。

关键就是考验，羞怯心理严重的人在关键时刻总是不能把自己的能力充分发挥出来。因此，中学生一定要在关键时刻表现自己。如充当会议或节目主持人，利用这些机会表现自己，勇于鼓励自己去办事，办好事，让那些不了解你甚至瞧不起你的人刮目相看。

6. 让自己经常处于松弛状态。

松弛对羞怯者来说是与他人相处时克服羞怯的关键。中学生与老师、领导、不熟悉的同学交往时，容易产生羞怯心理，所以，当你与人交往处于羞怯或紧张的气氛中时，应尽量用玩笑或幽默来自我解脱，当你脸红时应尽量忘却它，不要担心别人是否在意，相信很多人都会出现这种现象，而且很快会消失；当你受到老师或领导的批评指责时不要过分害怕，有则改之无则加勉，应理解人人都有失误的时候。总之，中学生遇事要善于把紧张情绪放松，这也是克服羞怯的有效办法。

7. 善于运用面部表情的作用。

人际交往的仪容、仪表、仪态，最具魅力的是微笑。微笑是友善的表示，自信的象征。当你第一次进入陌生的社交场合时，总不免感到羞怯，这时只有微笑才能使你摆脱窘境，从容自如地与人进行交往。所以中学生要善于运用微笑，依靠微笑缩短你与他人之间的感情距离，有时很多不愉快的事情都会在你的微笑中结束。因此，我们要避免愁眉不展，它会给人一种不友善的感觉。

微笑是通过眼神表露的。当你与他人交谈时，眼睛要尽量看着对方，表示你对对方的礼貌和注意，使对方对你产生信赖感，加速彼此间心灵沟通的进程，同时也减少了你羞怯的感觉。

自我管理箴言

青少年朋友们，克服交际中的羞怯有一定的方法，但无固定不变的方法，你们要在自己的交际实践中不断积累，善于总结成功的经验和方法。

别让虚荣破坏友谊

在生活中，我们会发现有的青少年非常虚荣，具体表现为：对自己的能力、水平过高估计；处处炫耀自己的特长和成绩，喜欢听表扬，对批评恨之入骨；常在外人面前夸耀自己有点权势的亲友；不懂装懂，打肿脸充胖子，喜欢班门弄斧；家境贫寒却大手大脚，摆阔气赶时髦；处处争强好胜，觉得处处比人强，自命不凡；对生活中的失误归咎于他人，从不找自身的原因；有了缺点，也寻找各种借口极力掩饰，等等。

看看你身边是否有这样虚荣的同学：

小梅来市里上学，家境贫困的她发现了自己与班上同学在生活、物质上的差距。于是，她先后两次盗窃隔壁宿舍3名同学的钱款500多元。为满足虚荣心，她将所盗窃的钱财用于请同学吃喝。小梅突然的阔绰和大方，使丢钱的同学产生了怀疑，进而向老师汇报。

刚上初一的小辉总喜欢在别人面前显示自己家很有钱。其实，她家没有很漂亮的房子，也没有车。每当同学一说去她家玩玩时，她都会以各种理由推脱。其实她也很想带同学来家玩，可又怕同学们看到自己的家并不漂亮后笑话自己，或不理自己，甚至会告诉其他同学。这样会让她很没面子，仿佛被别人抓住了把柄。总是怕别人说自己家没钱，为此想太多，心很累。

虚荣是自尊心过分的表现，虚荣心是对荣誉的一种过分追求，是道德责任感在个人心理上的一种畸形反映，是一种不良的心理品质，其本质是利己主义的情感反映。

虚荣者是出于追求表面光彩的心理。法国著名文学家莫泊桑的小说《项链》中，描写了一个虚荣心招来灾祸的故事：路瓦裁夫人虚荣心十足，她为了在一次宴会上出风头，特意从女友那里借来一串漂亮的项链。当她戴着项链在宴会上出现的时候，引起了全场人的赞叹与奉承，她的虚荣心得到了极大的满足。不幸的是，在回家的路上，这条项链丢失了。为了赔偿这价值40 000法郎的金项链，她负了重债。之后，她用了整整十年的时间，节衣缩食才还清了债务。而颇具讽刺意味的是这时对方告诉她丢失的项链是假的。

中学生正处在生理和心理逐渐走向成熟的时期，这种虚荣的心态，对迫切要求上进、正处于成长之中的孩子是十分有害的。虚荣的人外强中干，不敢敞开自己的心扉，给自己带来沉重的心理负担。

有的青少年为了不丢面子，通过“打肿脸充胖子”的方式来显示自我。

做真实的自己，拒绝虚荣

跟别人比吃、比喝、比穿等。其实，青少年虚荣心强，往往是为了掩盖自己的心理缺陷。

虚荣心强的人，在思想上会不自觉地渗入自私、虚伪、欺诈等因素，这与谦虚谨慎、光明磊落、不图虚名等美德是格格不入的。爱慕虚荣的学生为了表扬才去做好事，对表扬和成功沾沾自喜，甚至不惜弄虚作假。他们对自己的不足想方设法遮掩，不喜欢也不善于取长补短。虚荣心较强者，大多存在自卑与心虚等深层心理缺陷，为了弥补这些缺陷，他们才想方设法，竭力追求浮华。

虚荣心是交往的障碍，因此一定要远离虚荣心，做真实的自己：

1. 要有自知之明。自知之明包括对自己的长处和短处都有清晰的认识。过高估计自己的长处，实际生活中达不到；过低估计自己的短处，实际生活中又难以尽免，都会产生虚荣心理。承认自己有这么多长处，坦白自己有这么多短处，实事求是地对待自己，虚荣心理的基础就会大大削弱。

2. 对荣誉要有正确的认识。希望得到别人的尊重是正常的，但这种尊重的基础是自己的有所作为，而并非无所作为、弄虚作假。否则，即使眼下得到尊重，终有一天也会露出马脚来。

3. 要自尊与自重。这是克服虚荣心最起码的标准。做人要诚实、正直，绝不能为了一时的心理满足，不惜牺牲人格。

自我管理箴言

虚荣心是一种扭曲的自尊心，是自尊心的过分表现，是一种追求虚表的性格缺陷，是人们为了取得荣誉和引起普遍的注意而表现出来的一种不正常的社会情感。青少年一定要改变自己的心态，不要用虚荣之心为人处世！

别让空虚毁灭了自己

一个空虚的人常常缺乏正确的自我认识，对周围的事物缺乏热情和快乐的情绪，对任何事情都缺乏主动性，精力不足，情绪特别容易波动，经常为一些小事而感到无比的伤感，缺乏生活的乐趣。这是一种消极情绪，是一个人对生活没有追求的表现。空虚者的精神世界通常都是一片空白的。有人用驾驶车来形容空虚：人的身躯就好比一辆汽车，人就是这辆车的驾驶员。如果你整天无所事事、没有理想，那么，你也不知道该开往哪个方向，这辆车就必定会出“事故”。

在很多人的印象中，“空虚”往往与“孤独”、“寂寞”有关，其实它们之间存在着很多不同。最重要的一点就是“孤独”和“寂寞”对个人来说并不总是消极，有时甚至标志着一个人的独特个性。而“空虚”的存在却能让人感到消极，渐渐消磨人的斗志，侵蚀人的灵魂，严重的“空虚”会让一个生命走向毁灭。在日常生活中，我们常听到有人发出“唉，真没劲”“唉，我算看透了红尘”之类的抱怨，这就是心灵空虚的表现，简单来说，空虚就是一种内心体验。真正空虚的感觉往往只可意会，不能言传，只有空虚者自己才能切实体会。

所以，感觉空虚的人如果告知对方自己的感受，往往也不太可能得到他想要的安慰，只能自己努力进取，否则只会越来越紧地被空虚所包围。要克服空虚这种不良情感，不妨从以下方面入手：

首先是要树立崇高的理想。空虚产生的主要根源是对理想、目标及追求的迷失，所以树立崇高理想、建立明确的人生目标，一步步坚定地向着目标出发，空虚就会渐渐离你而去。

其次要培养出对生活的热情。生活是美好的，就看你用怎样的态度去对待它。同样是看太阳，热情充实的人看到的是明媚温暖的阳光，空虚消极的人看到的是燥热烦躁。所以，当你感到空虚的时候，一定要尽量多做一些自己感兴趣的事情，让充实填满你的生活，你哪里还有心情和闲暇去空虚？

最后要提高自己的心理素质。人们生活在同一环境中，但由于心理素质不同，有人遇到一点挫折便偃旗息鼓，有人却能面对困难毫不畏缩，最终愉快充实。

自我管理箴言

有意识地加强自我心理素质的训练，就能够将空虚及时地消灭在萌芽状态，而不给它进一步侵袭的机会。

摆脱孤僻心理有良方

有些青少年学生把自己包裹在一个人的世界里，总是处于孤僻苦闷中，他们不能对别人恰当地表达自己的情感，也不能正确地观察与了解自己，更无法准确地把握别人的心情和意图。

不知道为什么，这半年来，初三学生小简像变了一个人似的，每天放学都闷在家里，进门就钻进自己的房间。除做作业外就是看课外书，或者上网、看电视。做什么事情都是一个人，即使周末也不愿意出门。在家宁愿一个人待着，觉得人多了反而不自在、难受。宁愿待在电脑前与网友聊天，活在一个虚拟的世界里，也不愿意和父母以及来家里的客人交流。

在学校，她上课不敢举手，遇到问题也不愿意问同学和老师。也不想交朋友，心情变得格外忧郁。大家都说她孤僻，像幽灵似的，做什么都无声无

学会沟通，别让自己太孤单

息。有时看到同学们在一起有说有笑的，而自己只是在一边想心事，一个人坐得远远的。小简也很难过，因为她心里也有许多的话想跟大家说。

小简偶尔也会想和同学们交朋友，想和他们多接触，改变自己，可是怎么也做不到。因为她没有勇气，也没有自信，不相信自己能交到真心朋友。

有时她看到同学就会产生厌恶的心理，对外面的一切也不感兴趣，好像活在一个人的世界里。遇到什么委屈、气愤的事，也不吭声，只是默默忍受，然后回到家背着父母大哭一场。

而且，小简现在的脾气很不稳定，动不动就冲别人发火。经常胡思乱想，还很在乎别人怎么看自己。

青少年学生如果像小简这样的性格以及处事方法，便很难处理好人际关系，很难扩大交际面。人是在互相接触、互相理解、互相帮助之中密切联系的。一个人若总躲避人群，又怎能与他人搞好团结，怎能从与他人的交际中获得更多的信息呢？

其实，在小简这样的女孩内心深处是存在自卑感的。自卑的外在表现除了懦弱以外，还有孤僻。产生自卑感的女孩常常不喜欢交际，缺乏知己，活动能力差。经常回避群体活动，进取心不强，对人不够热情，更多地考虑自我，缺乏自信心。这样的女孩也很难与同学朋友产生真正的友谊。

而友谊是青少年学生不可欠缺的营养液。对于把情感的满足和人际关系的质量作为自我意识标杆的青少年学生来说，失去友谊和沟通，就像生长在热带雨林的植物被放逐到沙漠里。青少年学生的很多负面情绪都由此而来：自我怀疑、抑郁、消极、懦弱……

对青少年学生来说，被同伴排斥或不能融入集体不仅仅是一段痛苦的经历，它还意味着自己将在孤独和寂寞中迷失发展的方向。对于那些陷入"孤僻症”的学生来说，他们更善于和喜欢隐藏自己的感觉。

一个优秀的学生应该在交往过程中，逐渐学会保护自己，而不是躲进套子里保护自己，那样，只能更加自卑，影响前程。

在此，为你提供摆脱孤僻的良方：

1. 培养自信和兴趣。一个有自信的女孩更善于处理人际关系，她们会在人群中显得生机勃勃，因此也更受关注。而兴趣可以让女孩摆脱人际困扰所带来的恶劣情绪，找到心灵的寄托，也可以成为女孩发展友谊的渠道。

2. 对别人要微笑。鼓起勇气对遇到的每一位同学微笑，你会看到同学们惊讶而友善的表情。

3. 与人交流。孤僻的孩子心里往往积郁了很多的苦闷，而交流是最好的发泄方法。同别人谈一谈自己的问题和感触，既可以使别人了解自己在想什么，也使自己的情绪不致堆积起来，派生更多的苦恼。

4. 参加集体活动。可以使自己变得活泼、快乐，可以使寂寞的情感得到补偿。当融入群体之中时，才会有集体荣誉感，才知道什么是团结协作，才真正明白竞争的意义，才更懂得生命的价值。

5. 培养乐观态度。乐观的人视困难为常情，应该多从有利方面去看待问题，多取得进步，看到自己的成绩，从而对自己有信心，养成乐观的态度。

自我管理箴言

孤僻的人一般为内向型的性格，主要表现在不愿与他人接触，待人冷漠。对周围的人常有厌烦、鄙视或戒备的心理。具有这种个性缺陷的人猜疑心较强，容易神经过敏，办事喜欢独来独往，但也免不了为孤独、寂寞和空虚所困扰。因此，孤僻对中学生的身心健康十分有害。孤僻的人缺乏同学、朋友之间的欢乐与友谊，交往需要得不到满足，内心很苦闷、压抑、沮丧，感受不到人世间的温暖，看不到生活的美好，容易消沉、颓废、不合群，缺乏群体的支持，整天提心吊胆地过日子，忧心忡忡，易出现恐惧心理。若被这种消极情绪长期困扰，也会损伤身体。

从游戏中摆脱社交障碍

本节中的小游戏可以让那些具有交往障碍的青少年突破自闭的心理。

1. **如何串名字。**

游戏目的：

通过自我介绍，相互认识了解。

游戏准备：

人数：不限。

时间：不限。

场地：不限。

材料：无。

游戏步骤：

（1）参与者围成一圈，任意提名一位参与者介绍自己的单位、姓名。

（2）第二名参与者接着自我介绍，但是要说：我是××（第一位参与者的单位、姓名）后面的××（自己的单位、姓名），第三名参与者说：我是××（第二位参与者的单位、姓名）后面的××的后面的××，依次介绍下去……最后自我介绍的人要将前面所有人的单位、姓名复述一遍。

这个游戏可以活跃气氛，打破僵局，加速彼此的了解。人与人之间最需要的就是沟通。所谓提高沟通能力，无非是两方面：一是提高理解别人的能力，二是增加别人理解自己的可能性。那么究竟怎样才能提高自己的沟通能力呢？

沟通时应保持高度的注意力，这样有助于了解对方的心理状态，并能够较好地根据反馈来调节自己的沟通方式。没有人喜欢自己的谈话对象总是左顾右盼、心不在焉。

在表达自己的意图时，一定要注意使自己被人充分理解。沟通时的言语、动作等信息如果不充分，就不能明确地表达自己的意思；如果信息过多，出现冗余，也会引起信息接受方的不舒服。

最常见的例子就是，你一不小心踩了别人的脚，那么一句“对不起”就足以表达你的歉意。如果你还继续说：“我实在不是有意的，别人挤了我一下，我就站不稳了……”这样反倒令人反感。

2. 有趣的活动告示牌。

游戏目的：

用一种新方法促使人们团结在一起，让人们学会与他人一起分享重要信息。

游戏准备：

人数：不限。

时间：5 ~ 10 分钟。

场地：不限。

材料：一个上面写有问题的挂图，每人发一张纸和一支粗头墨水笔、透明胶带。

游戏步骤：

（1）问两三个关于个人的问题，把问题挂图展示给大家看。问题举例如下：

①你最爱吃什么？

②你的宠物什么时候最惹人生气？

③你近期读过的最好的书是什么？

④你一直喜爱的影片是什么？

（2）请每位参与者把自己的姓名写在纸的顶端，然后写出其中两三道问题的答案。

（3）现在请参与者用透明胶带相互帮助把答案纸贴在肩头。

（4）请参与者全体起立，在房间内自由走动，弄清楚谁是谁。鼓励他们进一步探讨别人写下的答案。

在我们的生活环境中，建立良好的人际关系，得到大家的尊重，无疑对自己的生存和发展有着极大的帮助。而且愉快的氛围，可以使我们忘记生活的单调和疲倦，使我们对生活充满希望。

3. **信任空中飞人。**

游戏目的：

帮助人们建立信任感，并感受这种信任给人们带来的好处。

游戏准备：

人数：不限。

时间：15 分钟。

场地：空地及 1.5 米高的墙。

材料：无。

游戏步骤：

（1）首先将人们分成若干组，每组 10 人，让全组人员面对面站成两排。

（2）让准备做空中飞人的队员站在墙上，背向队友。

（3）当主持人确认团队队员们都站好位置，并做好接住的准备时，让站在墙上的队员从空中落下。

在生活中，我们每天都需要与人进行交流，掌握一定的交际心理，你就可以在芸芸众生中脱颖而出，成为人际交往中的焦点人物。有的人在与他人交往时很有戒心，总怕别人有所图，居心叵测，所以处处设防，唯恐上当受骗，这样的心理会阻碍其正常的交流。对有些居心不良的人固然要防备，但这样的人毕竟是少数，不能因此连朋友也拒之千里。过分的多疑、猜忌、不信任，会使人难以交友，无法形成相应的人际关系，从而影响自己的学习和工作。

但是，有些人在人际交往中对任何人都高度信任，也不可取。过度信任他人会使人丧失应有的警惕，使别有用心的人有机可乘。

4. **趣味记名法。**

游戏目的：

增强彼此的认同感。

游戏准备：

人数：不限。

时间：15 分钟左右。

场地：室外平地。

材料：小皮球（网球）3 个。

游戏步骤：

（1）将人们分成若干组，每组 15 人。告诉某一个小组成员游戏将从他手里开始。让他喊出自己的名字，然后将手中的球传给右边的队友。接到传球的队友也要喊出自己的名字，然后把球传给自己右边的人。继续下去，直到球又重新回到第一个成员的手中。

（2）改变规则，现在接到球的人必须喊出另一名成员的名字，然后把球扔给该成员。

（3）再加一只球进来，让两个球同时被扔来扔去。

（4）把第三只球加进来，其主要目的是让游戏更加热闹、更加有趣。

（5）游戏结束后，请一名参与者在他的小组内走一圈，报出每个人的名字。

认同感是群体内的每个成员对外界的一些重大事件与原则问题，有共同的认识与评价，也是人对自我及周围环境有用或有价值的判断和评估。记住别人的名字不仅是对人们的一种尊敬，也是人们交往的前提。人们之间一旦有了认同感，便能拉近心理的距离。增强彼此的认同感不仅增加了人们的认知取向，也增进了人们之间的感情。

5. 寻猎。

游戏目的：

增进彼此了解，消除陌生人之间的排斥和冷漠。

游戏准备：

人数：不限。

时间：不限。

场地：不限。

材料：给每组发一个“寻猎”项目列表（上面列有“猎物”，如手表、书、笔等）。

游戏步骤：

（1）先将参与者分组，每组成员5～7人，可根据人数分成不等的组。

（2）告知每个参与者将一起去参加一个搜寻活动，获胜的小组将受到奖励。

（3）将“寻猎”项目列表交给各小组，告诉他们将利用他们自己的智慧尽可能多地获得表中所列内容。

（4）设置一个时间限制，如1小时。

（5）当时间到时，命令每个队都集合回来，比较哪一个队的得分高？

相关讨论：

你是怎么分析获胜队的获胜原因的？

在你的小组里是否有人显得比其他人更出色？

有人领导你的小组吗？是谁？为什么他能领导？

这是一个让人们在交流中相互认同和了解的游戏。人们相处时离不开交流，也离不开心与心的认同。

自我管理箴言

人们之间互相认可了，才会在彼此面前敞开心扉。生活中，我们需要交流和协作，也需要彼此信任。懂得协作，才能真正懂得交流的含义。

自我管理基地

交际检测

测试一：你的交际弱点在哪儿？

1. 测试导语。

每个人的性格、爱好都是不尽相同的，这就决定了每个人的处世方式中总有别人不习惯或者无法忍受的一面，而个人又是很难对自己的这一面有所察觉，那就让这个测试题来帮你分析吧。

2. 测试开始。

你在学校度过的时间里，特别是心理上极度叛逆的时期，你觉得老师身上最不能让你忍受的是什么?

A. 情绪不稳定，容易歇斯底里，对学生实行精神压迫。

B. 专制，不听取学生的意见。

C. 不公平，偏袒所谓的好学生。

D. 对学生使用暴力。

3. 评价标准

回答上述的问题，在A、B、C、D四个选项中选择合适自己的答案。

选A：这个选择其实就是自我缺陷的自然暴露。你一有什么不如意的事就会歇斯底里，不是四处大声叫嚷，就是突然大声哭泣。你这种自我表现的方式也许太过幼稚，而且很容易引起别人的情绪疲劳。为了使人际关系更加融洽，你必须对周围的人多一份爱心，同时要注意克制自己的情绪。

与别人交流一定要坦率

选B：你具有站在队列前方将周围人猛推向前的统帅能力。在集体中往往起到决定性的作用。但是你需要有多吸取一些周围人意见的谦虚态度，否则，最终有可能谁也不会再顺从你。你的缺点就是很少听取他人的意见和建议。

选C：你可能有一些心理恐慌症的表现。你的交际范围容易往纵向深入，而很难向横向扩展，你往往把自己讨厌的人彻底排除在外，似乎只愿意与某一些特定的人建立良好的关系，所以，你属于不善扩大交际圈的一类人。你甚至会要求与你关系亲近的友人“不要与不喜欢的人交往”。你要懂得博爱的内涵。

选D：你这样的处世方式是很危险的。你的缺点是动辄变得粗暴无礼。你的问题不仅表现在行为上，还有语言暴力。假如是因为对方态度恶劣导致你正当防御还情有可原，而你往往却是稍不如意就出口或出手伤人。你一定要注意控制自己的情绪，否则你会很容易和不了解你的人产生激烈的矛盾。

测试二：你与人交往时刻板吗？

1. 测试导语。

处事冷静，不为周围环境所动，在电影中看到这种人，觉得还不错。但如果这种毫无表情的人就在你身边，不觉得可怕吗？那么，周围的人是怎么看你的呢？

2. 测试开始。

（1）和同学一块儿去旅游，你会为对方带吃的吗？

A. 会。

B. 不会。

（2）在百货大楼的宠物橱窗，看到了一只小猫，这时你的感觉是什么？

A. 真可爱。

B. 活泼的小动物却放在笼子里，太可怜了。

（3）朋友邀你看电影，然而却是自己不喜欢的电影，你如何拒绝？

A. 直截了当地回答：“我不喜欢这个电影。”

B. 委婉地拒绝：“对不起，那天我家里有事。”

（4）朋友做错事了，你会？

A. 批评他。

B. 从此绝交。

（5）卡拉 OK 厅，别人在唱歌时，你在干什么？

A. 和没唱歌的朋友聊天。

B. 一边听歌，一边选自己的歌曲。

（6）在电话里被对方错当成家里的某个人，你会和对方继续讲话吗？

A. 会。

B. 不会。

（7）假如你中了 100 万元，你会：

A. 存入定期存款。

B. 告诉大家，痛快地玩一次。

（8）脚受伤的同学一个月后回到学校，你与他打过招呼后，会做什么？

A. 询问“全好了？”“不痛了？”

B. 打声招呼，随手接过同学的书包或其他物件

（9）有一天你走进教室，恰巧碰到同学们在说你的坏话，这时，你怎么办？

A. 根本不理睬，走到自己的位子坐下。

B. 故意询问：“你们在说什么？”

（10）假设给你喜欢的朋友送礼物，你会选择哪种方法送去？

A. 在和对方约会时，自然地送过去。

B. 附上一张纸条，邮寄出去。

3. 评分标准。

得分 题号 答案	1	2	3	4	5	6	7	8	9	10
A	1	0	1	1	0	1	1	0	0	0
B	0	1	0	0	1	0	0	1	1	1

4. 心理透析。

0 ~ 2 分：千万不要装得一本正经，因为你没有这个潜质。你可以大声哭、

大声笑，如此率真的个性会给他人带来愉悦。坦率的性情会帮助你赢得他人的理解，与他人相处融洽。有一点应当注意，那就是不要自鸣得意，管不住自己的嘴，否则就是自找麻烦。所以，最明智的做法就是学会忍耐，该说的说，不该说的不说。

3～5分：在需要愤怒的时候你能立刻表现出愤怒；在交际应酬的过程中也能笑脸迎人。你的面孔不会让人感觉正经和神秘，也不会让人生恨。然而，这种“五彩斑斓”的表情往往让人觉得做作、不真实，就像是戴着一张假面具在生活，让人感觉生疏、无法接近。这会严重影响人际交往，所以一定要做到表情自然。

6～8分：你很得意自己的一本正经，有相当强的自尊心，你是否觉得周围的人干的事情不值一提，甚至是虚张声势？当然，这看起来也不错。但是如果在对你有好感、想和你亲近的人的面前也摆出这副面孔，那你的朋友就会越来越少了。与其面对孤独发出轻蔑一笑，倒不如和志同道合的朋友一起开怀大笑。请摘下你那毫无表情的假面具试试。

9～10分：你在一本正经的面具后面，激荡着丰富的感情。你之所以隐藏自己的感情，是因为你的感情很丰富却不知怎样控制。你对非常喜欢的人却装出若无其事，肯定是这个原因。你本来就是一个充满爱心的人，需要学会把它巧妙地表现出来。首先你要从面对镜子开始，做出喜怒哀乐的表情，唤起你那沉睡不醒的面部肌肉吧！

第六章　塑造好口才——让好口才帮你结人缘

有不少人因口才不好而交不到朋友，又总觉得在一起的伙伴不大容易互相说心里话，因此而感到苦恼。即使是善于社交的人，也会因为内心深处存在着与朋友不能沟通的地方而产生孤独感。在本章中，我们将让你通过好的口才为你赢得人脉。

学会与伙伴主动交流

所谓朋友，实际上就是交流的伙伴。打声招呼，交谈几句，以增进了解。彼此不理解就不会建立友谊。

当然，在这个过程中，双方可能会因意见不一致而发生争执，在这个世界上，不会有从头到脚都和自己一样的人，因此，不能害怕争执，否则，友谊会无从建立。

在你的周围，找出一个爱好音乐或对游戏、读书感兴趣的人，或者偶然发现你所喜欢的演员也被他同样喜欢——"啊，这样相同""明白了！明白了！"有了这样感觉相同的伙伴，你应当以此为契机，走过去大声招呼他。感觉上发现共同点时，才容易充满善意或好感去相处。此外。如果找到一个共

经常交流有利于相互理解

同的话题，不久，在你们之间就又会产生一个新话题。突然成为朋友，你不觉得这方法太简单了吗？

根据心理学家的研究，“物以类聚”的概率确实很高。也就是说，或具有相似的时尚趋向，或具有相同的出生地，或具有相似的待人接物的态度，这样的人容易成为朋友。为什么打一声招呼就能马上选择出自己今后的朋友呢？因为这种建立在相同志趣基础上的友情能够顺利发展。请你留心，看看周围有没有这样的人。

有相似之处固然容易成为朋友，但为了开阔视野、挖掘对新事物的兴趣，与和自己的趣味、观点恰恰相反的人交朋友也不是坏事。和那些与自己意见不同、感觉不一的人交流，说话内容可能出乎意料得深奥，或许还会有“我要是这种人就好了”的感觉。尊重与自己个性不同的人，本身就是真正的友情。一旦你有了让你时刻惦记的伙伴，就可以不断和他进行更进一步的交流。

常言道：互不相让的双脚，是不可能迈进一步的。你希望与某人交朋友，就要积极主动地上前打招呼。这是最有效的方法。与此同时，如果还能给对方留下一个好印象的话，友谊就会很快地发展起来。

根据自己的经历，如果第一次见面对方微笑着走过来和你说话，你会感到“这个人真和蔼”、“真是一个好人”。相反，如果说话人端起架子，你回答的时候一定很不痛快。因此，第一印象是能决定今后交往的大事。而重要的是，要掌握留下好印象的方法。

对于不善交际的人来说，与人交谈是件难办的事。想装出笑脸但是不会，这种人的确不少。实际上，这是由于自尊心太强造成的，你总是认真地审视自己：没有出众的言谈举止怎么办呢？太过强调这些，造成了精神上的紧张，使表情、动作都变得僵硬了。

试想对于各个方面都很完善的人，大家就能都与他找到相同感受吗？一定不会。因为那只是大家心目中的偶像而已，只有在既了解对方优点又了解其缺点的情况下才容易产生好感，才能够放心交往下去。在初交的朋友面前，展示出一个未经包装、以诚挚自然的态度待人的你，这也是留下好印象的技巧之一。请不加修饰、朴素地微笑着说出你的心里话吧！

选中了交朋友的目标，希望对方接受自己，但这时有这种愿望的并非你一个人，可能周围的人都这样想。

对于理解自己的人来说，你对他的言行表示赞赏，这很容易让他开心，进而自然也会产生你也是“一个好人”的感觉。因此不要腼腆，你认为对方好，周围的人也都这样认为时，就应马上开口表达自己的想法。

决定第一印象的不仅仅是言行。与朋友初交时，由于双方不十分了解，表面印象（外观、举止等）会占有很大分量。如果一个蓬头垢面、衣冠不整的人站到你面前，一定会令你厌烦。

自我管理箴言

与朋友交往时，从头到脚整理得干净利索很重要。服装式样最好不超前也不过时，因为如果你固执地不考虑大众化的装束，就会让人觉得“这个人有些不好接触”，要特别注意。

好的谈吐能多交好友

西方有位哲人说过：“世间有一种成就可以使人迅速完成伟业，并且获得世人的认识、赞同，那就是讲话令人喜悦兴奋的能力。”这种能力就是语言沟通能力，也就是通常所说的口才。语言沟通是人们日常沟通的主要方式，口才的重要性也就不言而喻。下面就来看看口才到底有什么妙用。

纵观古今中外，凡是那些成就大事有作为的人，都会把口才作为必备的修养之一。如“完璧归赵”的蔺相如，人们所熟知敬爱的周恩来总理，美国总统林肯等无一不具备出类拔萃的口才。会说话在当今社会生活的各个领域，正起着越来越重要的作用，而口才对于个人的重要性也已经被全社会所认同。

良好的谈吐可以助一个人成就一番事业，蹩脚的谈吐可以令一个人万劫不复。在日常生活中，有些人口若悬河，有些人期期艾艾、不知所云；有些人谈吐隽永、满座生风，有些人语言干瘪、意兴阑珊；有些人唇枪舌剑、妙语连珠，有些人反应迟钝、言不及义……人们的口才能力有大小之分，说话的效果也是有很大差别的。

在2 000多年前，马其顿国王率领军队远征印度，时值盛夏，将士们口干舌燥。国王无奈便派人四处找水，但只找来了一杯水。国王便高举水杯，对将士们喊道："现在已经找到了一杯水，有水就有水源，为了找到水源，前进吧！"说完便将那杯珍贵的水倒在地上。而将士们因为受到了国王话语的鼓舞，群情激奋，顽强地冲向前线，夺取了战争的胜利。

优秀的口才可以带给你愉悦和欢畅，帮助你增加知识和修养，激发你的创造力；也可以融洽人与人之间的感情，建立良好的人际关系；还可以帮助你在工作和事业中巧妙地表达自己的意见，阐明自己的主张，展示你卓尔不群的办事能力。

周恩来总理在风云变幻的国际政治生活中善于辞令，口才横溢，不仅长了中国人民的志气，也大大提高了中华人民共和国的国际地位和声望；二战时，金融家萨克斯通过说服美国总统罗斯福尽快研制生产原子弹，为迅速结束第二次世界大战奠定了重要基础。

与之相反，一句话也可能会带来或轻或重的不良影响甚至造成难以挽回的损失。

三国时期，吕布被曹操擒获。为了保全自己的性命便向曹操投降，并保证自己以后尽

好口才，有好运

忠于曹操，曹操爱将心切也有心将其收服。深谋远虑的刘备为了阻止曹操的势力进一步扩大，便对曹操说：“你忘了丁建阳与董卓的事了吗?”曹操顿时凉透了心。因为吕布的干爹丁建阳与董卓都死于吕布这个义子之手。于是，曹操痛下狠心处死了吕布。刘备一句急中生智的话就要了吕布的命。

口才可以决定一个人事业的成功与失败。因为，在实际交际环境中，当众说话水平高，能说会道，才能正确地领悟上级的意图并恰当地表达出来。只有通过讲话让领导、同事、群众更深层次地了解你，才能让大家信任你，才有机会被提拔到更高的职位，胜任更重要的工作，也才有施展才华达到事业成功的机会。

如同美国人类行为科学研究者汤姆士所说：“说话的能力是成名的捷径。它能使人鹤立鸡群。能言善辩的人，往往使人尊敬，受人爱戴，得人拥护。它使一个人的才学充分拓展，熠熠生辉，事半功倍，业绩卓著。”他甚至断言：“发生在成功人物身上的奇迹，一半是由口才创造的。”

现实生活中的确如此。你经常会看到或听到，一项事业的成败，常会在一次谈话中获得效果。如果人出言不慎，那么，他就不可能获得他人的共鸣，也就不可能得到他人的合作与帮助。无数成功者的事实都表明，敢于当众讲话，善于说话是成功事业的催化剂，并直接关系到事业的成败。

1983 年元旦，英国女王为多年给首相撒切尔夫人担任顾问的戈登·里斯授以爵位。其主要功绩就有：有效地提高了撒切尔夫人的演说能力和应答记者提问的能力；为撒切尔夫人撰写了深得人心的演讲稿……一句话，为英国塑造了一位崭新的“风姿绰约、雍容而又不过度华贵、谈吐优雅和待人亲切自然的女首相形象”。

当今社会，无不把当众说话的水平作为衡量优秀人才的重要尺度，每个公司、企业招聘各类人才，也都要进行口试。在日本，各大公司的规定都反映了如下的事实：说话与事业的关系极为密切。它是胜任本职工作最重要的条件之一。因为，精明的日本人深知，知识就是财富，口才就是资本。

自我管理箴言

言谈的力量是巨大的，它可以把两个陌生的人变得熟悉，由熟悉变成知己或亲密的朋友；它可以解救危机，打开通往坦途的顺利之门；它甚至可以叱咤风云，一句话抵得上千军万马，它可以翻江倒海，气魄无穷。在交际中好的谈吐也能带来更多的朋友。

消除说话时的心理屏障

怎样才能消除说话时的心理屏障呢？

1. 鼓足勇气，面对挑战。

一般而言，在现实生活中有严重自卑感的人往往是性格内向的人。他们往往感情细腻、多愁善感、常常自愧不如别人，总是猜疑别人对自己的看法，害怕受到伤害。如果在公众场合说话，内心总是充满了恐惧，这严重阻碍了个人的发展。

如果有人真的有这种说话恐惧症，如果想摆脱这种问题，他最应该做的就是鼓足勇气，面对挑战。

一个人说话能否成功，与他是否具有说话的胆量关系重大。纵观古今中外，我们就会发现，世界史上的善辩家，有很多都是在最初被认为是说话笨拙的人，像林肯、田中角荣等世界著名的演说家的第一次演讲都是失败的。那么，他们为何会在如此差的基础上获得令人惊奇、注目的成功呢？除了勤奋、坚持不懈地努力练习之外，勇敢面对现实，大胆面对挑战，不能不说是个他们成功的一条主要原因。

2. 博学善辩，增强说话的底气。

渊博的学识有助于提高你的口头表达能力，有助于你适应各种不同的交际场合。无论你在何种场合，如果拥有渊博的学识，就会使你如鱼得水，游刃有余。

可以说，世界上几乎没有人能够做到在即兴演说中口若悬河，完美无缺。因为，即兴演说能把一个人的学识展现出来，它没有备忘录，更没有展示品和演讲稿，在思想上是没有任何准备的。如果在这样的情况下还能做到侃侃而谈、淡定从容，这样的人必定会受到欢迎和敬佩。

想要达到这样的说话水平并非天方夜谭，只要持续不断地努力，肯定能达成这样的目标。如果拥有这种能力，那将是令人非常羡慕的。因此，在有渊博的学识的同时，也要掌握其中的秘诀加以练习。

在生活中增长自己的知识，丰富自己的人生阅历，并且多思考、勤开口，你的随机应变能力才会大大提高。这样你就能上知天文、下知地理，在人生的旅程中游刃有余。

青少年要学会消除说话时的心理屏障

据说，史上最爱吹牛的皇帝是德国末代皇帝威廉二世。有一次他访问英国的时候，在公开场合声称在所有的德国人中，只有他对英国是友善的。为什么他会这么认为呢？在他看来，正是因为他，苏俄和法国才不去糟蹋英国人；正因为有他，英国才打败了南非的波尔人。这些言论真是令人难以置信，更让人惊奇的是这些话怎么能出自一位皇帝之口。这件事情引起了欧洲各国的议论，当时最愤怒的是英国人。而当时的德国的政治家们也是惊慌失措，感觉问题非常棘手。

德皇意识到自己犯了错误，但又没有勇气承认，于是他找来大臣布罗亲王，想让他做自己的替罪羊。他授意布罗亲王：是他建议皇帝说了那些荒唐的话。布罗亲王当然难以接受威廉二世的授意，德皇为此大为生气。

为了说服德皇，布罗亲王调整了策略，对德皇说："微臣没有资格说刚才的话。陛下在许多方面的成就，臣都不敢望其项背。军事知识如此，自然科学知识也如此。臣曾听过陛下谈论晴雨表、无线电和 X 光，而我在这些方面几乎一无所知。但是，臣正好有些历史方面的知识，这可能对政治有些用途，尤其是外交政策。"

仅仅这几句话，使德皇转怒为喜，他笑着安抚布罗亲王："老天！我不是常告诉你，咱们是最佳搭档、互补有无吗？我们应该永远在一起，我们会的！"

布罗亲王就这样奇迹般地平息了傲慢自负的德皇威廉二世的恼怒情绪，而这来源于他心中的底气。

自我管理箴言

有了说话的勇气和胆量，又掌握了说话的技巧，你就有了胜人一筹的法宝。如果你又具备了渊博的学识和丰富的生活体验，那对你来说无疑是"如虎添翼、锦上添花"。

用坦诚的语言打动人

不同的说话态度会招致不同的结果。如果说话态度比较好、容易让对方接受，那么语言就可以促进人与人之间的和谐关系，相反，将会严重破坏人际关系。人的性格可以从多方面表现出来，但最直接的表现方式就是话语。或许有些人说法有点笨拙，但这没有关系，只要是真诚地关心对方，对方就一定能在话语中感受到他对自己的关心。相反，如果仅仅是说一些溢美之词，即使口才相当好，但仍然给人虚伪的感觉。所以，在交流中，最重要的就是真诚。

如果想要把生意谈成或者是想让对方接受自己的建议，在交流的时候一定要态度真诚，这样不仅让人更容易接受，还能更好地达到自己的目的。说一些让对方感觉比较顺耳的话，是尊重对方的表现。即使还没有切入正题，但好的感情已经建立起来了。此时，双方更容易达成共识，更好地合作。

坦诚的语言是说服别人所必须具备的条件

当松下电器只是一家乡下小工厂时，当时的领导松下幸之助做得最多的就是亲自推销产品。当有人讨价还价的时候，他总是会这样劝阻："我的工厂只是一家小厂，并不是大型公司。这些产品都是大家在炽热的铁板上加工制作的产品。虽然天气非常炎热，但大家即使汗流浃背，仍然努力工作。如果按照正常的计算利润的方法，价格应当是每件××元。”

对手一直盯着他的脸，听他叙述。听完之后，展颜一笑说：“哎呀，我可服你了。卖方在讨价还价的时候，总会说出种种不同的话，但是你说得很不一样，句句都在情理之中。好吧，我就照你说的买下来好了。”

松下幸之助之所以能够取得成功，原因首先在于他的说话态度非常真诚。当时在与对方交流时，他一再强调价格是非常合理的，而且也表达了自己不想贪图钱财的意思。与此同时，他传达出的最重要的信息是不能讨价还价。此时，对方肯定能够转换角度，与他成功合作。

当时松下幸之助的辞藻并不华丽，那到底是靠什么打动了自己的客户呢？当然是他的真诚以及有感情的表达方式。他用朴素、真挚的语言将自己创业的艰难、员工的辛苦表达得真挚而自然。这必然会引起对方的同情和怜悯。

当时对方赞叹松下幸之助的话“句句都在情理之中”。这就表明了松下幸之助的成功也是合情合理、不容置疑的。

说话真诚并不是一种表达技巧，而是如果人要想在社会上立足必须要做到的。只要说出的话朴实、真诚，被人接受是非常容易的，而且也会得到对方的信赖。

所以，要想说服别人，一定要有真诚的说话态度，而不是说一些令人讨厌的浮夸之词。另外，在不同的时间、地点面对不同的交谈对象时，一定也要采取不同的说话态度，只有这样才能取得好的效果。

费城的耐佛先生，多年来一直想把燃料卖给一家大连锁店，但是这家连锁店一直向外地购买，运货的路线正是从耐佛先生办公室的门口经过。耐佛先生晚上就在卡耐基的课堂上演讲，并且大骂这家连锁店。

当时看到耐佛先生这样，卡耐基建议他改变战略。为了更好地帮助耐佛先生，他们首先做的就是在课堂上举行一次辩论会。当时的主题就是连锁店的广布对国家的影响。正方的观点是连锁店的广布，对国家害多益少。而反方的观点是连锁店的广布，对国家益多害少。卡耐基建议耐佛先生加入反方，他同意了。为了搜集材料，耐佛先生需要前往连锁店采访那个他从来都瞧不起的经理。由于平时他经常去连锁店推销燃料，所以大家都认识他。但这次他首先强调自己此行的目的是希望从经理的口中得知有关连锁店为国家能带来利益的相关资料，并且表达了自己的谢意。

耐佛先生接着说："我原先要求这位经理只拿出一点儿时间，所以他才同意见我。当我把事实说出之后，他指着一张椅子要我坐下，并且用了整整一个钟头的时间。他请来另一位主管，这位先生写过一本有关连锁店的专论。他觉得连锁店提供了最真实的服务，他也以自己能够为许多社区服务为荣。当他侃侃而谈的时候，两眼发亮，我也不得不承认他的确让我明白了许多意想不到的事。他改变了我整个人。"

"当我要离开的时候，他送我到门口，而且还祝福我能论辩获胜。他让我在论辩结束之后一定再去看他，无论如何也要告诉他论辩的结果。最后他告诉我去看他的时候一定选在春天，那时他就愿意买我的燃料。当时我真的特别惊讶，唯独这次我没有提燃料的事情，但是他却提了。后来我才知道原因，那就是因为我关心他们的连锁店，所以他才会关心我的燃料。就这一次谈话却把我心中最大的愿望实现了。"

耐佛先生发现的并不是什么真理。早在基督降生前一百年，有个罗马诗人帕利里亚斯·赛洛斯就说过："说话真诚，语气亲切随和，不卑不亢，入情入理。"这是成功地打动对方的原因所在。

自我管理箴言

坦诚的语言是说服别人所必须具备的条件。想要成功说服别人，必须学会坦诚待人。

最自然的赞美技巧

赞美可以说是一个人在社交场所畅通无阻的一大武器。很多看过《鹿鼎记》的人想必一定对韦小宝的嘴上功夫敬佩无比。这个从小在妓院里栖身的小混混在复杂的生存环境中练就了一副好口才，对谁都能张口就是好听话，直到说得对方心花怒放。就是凭着这副好口才，他不但在宫里生存了下来，而且获得皇帝的赏识，在宫外还得到了诸多江湖人士的欣赏，最后还屡次抱得佳人归。

也许你看不上韦小宝这种油嘴滑舌的人，但是你不得不认同，说好听话式的赞美的确是人际交往中重要的交际手段，是一种积极有效的沟通、交流方式，利用这种方式，你可以通过对他人的优点做肯定和积极的反应而使双方产生良性的情感沟通和心灵之间的交流。可以说，每个人都喜欢赞美，每个人都需要尊重，每个人都有渴望得到力量、信任、名誉、威望、地位的心理需求。而赞美恰恰是满足人们的这种心理需求的最好方式。你只要能够准确地抓住对方的心理需求，给予对方最大的满足，就一定能逢凶化吉，顺风顺水。

不过，需要注意的是，只有真诚的赞美才能够获得他人的认同，如果你对谁都说一些公式化的套词就难免会让人认为你投机取巧、不值得信任。尤其是一些涉世不深或玩世不恭的人见谁都是“久仰大名”“如雷贯耳”“百闻不如一见”“生意兴隆”“财源广进”，脸上笑得再热烈，语气再热情，也总让人感觉俗不可耐。

如果你不想好心说好话最后却沦落到被人排斥、防范，你就要注意赞美的技巧，不仅要慷慨大方地使用你的称赞，还要有技巧地运用赞美。

1. 赞美别人看不到的地方。

虽然谁都喜欢听好话，但是好话听多了，任谁都觉得烦。如果你总是人云亦云，别人说什么你也说什么，时间长了，被赞美的人听腻味了，你就是说再多遍也不会让对方产生好感，相反，他只会觉得你无聊。

很多人会说“我也想说点不一样的话，但是好像没有什么可以赞美的啊?”其实，“生活中从来都不缺少美，缺少的是发现美的眼睛”，即使是再不被喜欢的人也会有值得肯定的地方，只是你没有认真去挖掘他的闪光点而已。哪怕你实在找不到他可以值得赞美的地方，你也可以从他身边的人、事物去赞美。正如奥地利心理学家贝维尔博士曾说的那样：“如果你想赞美一个人，而又找不到他有什么值得称赞之处，那么你可以赞美他的亲人，或者和他有关的一些事物。”所以，只要你愿意，他的家人、他的朋友、他的服饰、他的发色甚至他看人的眼光、购物的兴趣都可以成为你赞美的对象。

2. 对不同的人赞美其不同的地方。

最打动人心的赞美通常没有什么华丽的辞藻、没有什么惊天动地泣鬼神的修辞手法，有的不过是量身打造的、源于生活、发自内心的赞美，让人听了熨帖而愉快。

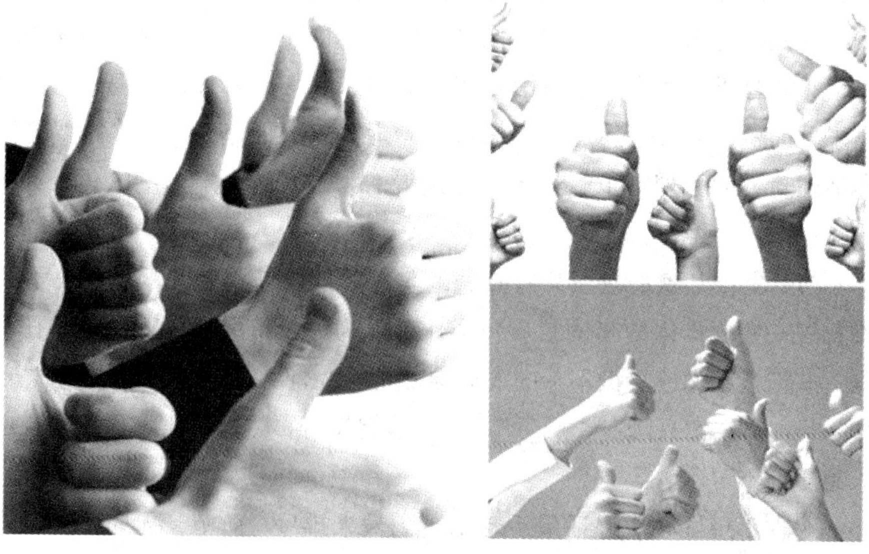

学会赞美别人

某市里召开局级干部会，作为上司助手的林逸要参与会务工作。他认为这是结识各方人物的良机，不可错过，因此早早来到会场入口处迎接各位领导。

A 局长乘出租车来，林逸觉得疑惑，随即赞道：“潇洒、潇洒，一招手就是，不用麻烦局里司机，还来去自由。您必是做事灵活的领导。”A 局长听后笑笑，入会场。

B 局长骑辆自行车就来了。他停好车，上了锁，林逸便跑到跟前赞道：“廉洁、廉洁，都像您这样，老百姓还有什么抱怨的。”B 局长听后笑笑，入会场。

C 局长住处离会场不远，他走着来了。林逸迎上去，赞道：“时尚、时尚，您爱运动，身体一定很棒!”C 局长听后笑笑，入会场。

在这里林逸的赞美就是非常贴切的，符合每个人的特征，真实而真诚，所以得到了听众的认可。

一个小伙子去相亲，家人叮嘱他说见面时嘴巴要甜一点儿，多说说好话，比如夸奖对方漂亮、温柔之类的。于是，他见到女孩子后说的第一句话就是：“你好漂亮啊，是我见过的最漂亮的女孩子。”结果，女孩子不冷不热地看了看他，然后双方聊了几句，女孩子就找借口告辞了。原来，那个女孩子长相普通，而且因为瘦再加上皮肤黑，小时候还因为淘气摔破额头，留下了一块难堪的疤痕，自己经常为自己的长相而自卑，而小伙子却夸她长得漂亮，这让她觉得对方是在挖苦他。

像这样的赞美就是不合时宜的，很容易让对方怀疑你的诚意，所以，在夸奖对方的时候，一定要脚踏实地、因人而异地夸奖对方确实存在的优点，比如，面对一位长相平凡但性格很好的女子，你不妨赞美她活泼；面对一个性格腼腆的小伙子，你可以夸他有耐心等。但如果你夸长相普通的女子貌若天仙、夸性格腼腆的小伙子活泼可爱，则难免有讽刺之嫌。

3. 赞美一定要真诚。

不管什么人说，不管在什么场合说，你赞美的话一定要是真诚的，它是赞美发挥作用的基础。没有人会对虚与委蛇的人感兴趣，如果你的赞美让人一听就觉得虚假，那么还是不要说得好，否则不仅起不到应有的作用，还可能对你产生戒心，进而怀疑你的动机，需要注意的是，无论什么时候都不要把赞美和请求帮忙的诉求放在一起，否则无论你的赞美怎样真诚，其效果都将大打折扣。

自我管理箴言

称赞别人时，要注意语调和表情，一定要由衷赞美。自然、真诚、得体最重要，过分夸张和恭维会让听者不舒服，甚至产生反感，起到相反的作用。

幽默，人际交往的法宝

幽默是人际关系的润滑剂，它以善意的微笑代替抱怨，避免争吵，幽默还能帮助你把许多不可能变为可能，它所产生的效果远胜于咧嘴一笑。

高尚的幽默，可以淡化矛盾，消除误会，使不利的一方摆脱困境。世界幽默大师萧伯纳有一次在街上被一个骑自行车的人撞倒了。肇事者吓得六神无主，惊慌之中连忙向萧翁道歉，然而萧翁却对他说：“先生，你比我更不幸，要是你再加点劲儿，那就可作为撞死萧伯纳的好汉而永远名垂史册啦！”一句话使紧张的气氛变得轻松起来。幽默，是社交场合里不可缺少的润滑剂，可以使人们的交往更顺利、更自然、更融洽。

幽默是化解尴尬的一剂灵丹妙药，谈话中突如其来的窘境往往使大家不知所措，但这时只要有一个恰当的幽默，大家就都可以从窘境里摆脱出来。

在现实生活中，幽默的人往往能得到人们的喜爱。因为他们在幽默的同时，已经把整个气氛带动起来，使人们轻松自如，开怀大笑。笑是一种表情，更传递着人们的心境状态。当大家都哈哈大笑时，人们不再陌生，而是能如朋友一般进行交谈。

先讲一个幽默的小故事：

一个女人在一家高级饭店吃饭，这个女人特别挑剔，就点了一份儿煎蛋。她对服务员提出的要求是："蛋白要全熟，但蛋黄要全生，必须还能流动。不要用太多的油去煎，盐要少放，加点胡椒。另外，鸡蛋要新鲜的，并且是由乡下快活的母鸡下的。"当时听到如此要求之后，服务员温柔地说："请问一下，那母鸡的名字叫阿珍，可合你心意?"

幽默一下不仅会给人带来欢乐，还会化解尴尬的场面，改变人的思想和观点。上面提到的笑话中，当服务员说出最后一句话的时候，即使是"冷面观音"也会哈哈大笑，同时也会检讨自己的挑剔。在工作中，如果你能时不时地幽默一下，或者是有幽默的同事在身边，你一定会精神饱满，有最好的工作状态。其实，幽默是一种对现实困境的挑战。当人们心情舒畅、哈哈大笑时，工作效率也会有很大的提高。同时，幽默感还会增加对工作的理解，做到更有控制力和洞察力，使工作更出色。在日常的生活和工作中，凡是能够很好地化解尴尬气氛，回敬他人的批评的人，多少都有幽默细胞。

除此之外，那些有幽默感的人跟他人的距离都是比较近的。如果大家知道你幽默，会自然而然地靠近你，与你交好。因为他们跟你在一块儿学习和工作不会感到有压力。

有一位董事长，当时上任的时候还是非常年轻的，为了表达自己与大家一块儿好好干的愿望，在召开公司职员大会进行自我介绍时说："我是你们的董事长杰利。我生来就应该是个领导人，因为我爸爸是公司的前董事长。"当时听到他如此说，所有与会人员都笑了。

幽默是化解尴尬的一剂灵丹妙药

看到大家笑，他自己也笑了起来。他只是用幽默的方式向大家表明了自己对这个位子的态度，并且给人感觉也是非常有亲和力的。他的言外之意就是：我一定得跟你们一块儿好好干，只有这样才能改变你们对我的看法。

在很多时候，为了缓解自己的尴尬境地，我们应该采取幽默的方式来传达对他人的关爱和关怀，这是最有趣并且也是最有效的方式。据说有这样一位律师，他的公寓内住着一个音乐爱好者，无论是在人们休息还是其他时候，这个音乐迷都会把电唱机开到最大，这严重影响了这位律师的正常生活。有一天，这位律师实在是忍无可忍了，他拎着一把斧子来到了音乐迷家，说："我来修修你的电唱机。"当时，这个音乐迷吓得魂飞魄散，连忙道歉。看到如此反应，律师说："我应该说抱歉，因为我把凶器都带来了，但你千万别去法庭告我啊。"此时，两人哈哈大笑起来，一笑泯恩仇。

这位律师的做法真是令人称道。他的本意并不是想砸坏音乐迷的电唱机，只是在提醒对方不要把声音开得如此大。当然不满是针对电唱机的，而不是针对人。而"修理"也只是为了表达想让音乐迷声音开低的意愿。

如果你对自己幽默的手法没有足够的自信，不妨学学孩子式的幽默。即使在60岁以后，我们也经常为孩子们由天真而产生的幽默所感动。他们是真正地坦诚待人，不会隐瞒任何事实。当他们毫不掩饰地道出心里所想或事实真相时，人们一下子就喜欢上他们，跟他们在一起会感受到跟任何人在一起都无法感受到的轻松、愉快。

有一天，费里斯请几位朋友来家里吃饭。在朋友进门的时候，费里斯的妻子叫他的小女儿向客人说几句欢迎的话。小姑娘非常不愿意，说："我不知道应该说些什么。"此时，客人中的一位提议："你听见妈妈说什么了就说什么。"小姑娘点点头，说："天哪！我为什么要花钱请客？我们的钱都到哪儿去了？"听到小姑娘这样说，所有的人都大笑了起来。而费里斯的妻子也羞愧地笑了。

这体现的是孩子式的幽默，小姑娘只是以一种纯真的方式把妈妈的想法表达了出来，这使得妈妈应当检讨一下自己的想法是否正确，同时也提醒人们不要太在意金钱，毕竟朋友间的情谊是无法用金钱衡量的。

很多人总是在纠结为什么别人有幽默感，而自己没有。其实，这个问题是可以解决的。因为幽默感不是天生的，是后天习得的。然而，幽默感的形成离不开知识和修养。在与他人交往的过程中，你一定要放轻松，尽量把话说得机智一点。或许刚开始，你会感觉很别扭，但久而久之，你也就会习以为常。它给你带来的必然是良好的人际关系。

在现实生活中，培养和提高幽默能力，要注意以下几点：

1. 要仔细观察生活。观察生活，寻找喜剧素材，需要我们善于转变视角，去发掘和表现这些素材。

2. 要学习幽默技巧。幽默不是天生就会的，是后天学习掌握的。许多关于幽默的书籍和先人的经验，都为我们提供了不少范例，值得我们广泛涉猎、借鉴。

3. 要敢于表达幽默。幽默能力只有在表达幽默的过程中才能得到检验和提高，因而积极实践极为重要。选择适当的场合，针对适当的对象，都可显示自己学习的幽默技巧。

但是幽默也要适当才行。如果一味地开一些不着边际的玩笑，说一些有损他人自尊心的笑话，就完全不是有利于关系发展的选择了。所以幽默也要注意几大误区：

1. 不要用他人身体上或相貌上的缺陷来取乐。这会大大地伤害到他人的自尊心，让对方失去自信甚至恼羞成怒，你会不知不觉地被对方拖进不受欢迎的黑名单。

2. 不要和对方以吹嘘式的幽默沟通，你自以为很幽默，但他人觉得你有可能是在自吹自擂，会给人轻浮的印象。毕竟每个人对幽默的理解与接受程度是不同的。

3. 不要和对方一直开玩笑而忽略了谈话的主题与对方的感受。开玩笑虽然能让你更有魅力，但也要懂得察言观色、适可而止。有的时候轻松的氛围太浓反而会让他人对你没有信任感，觉得你是个不可靠、不认真的人。

自我管理箴言

在生活中，那些理解他人的人不会对他人斤斤计较，而是永远保持友好的态度，善良的心态；而善于表达和使用幽默的人，往往能赢得他人的喜爱。所以，幽默的人更容易与他人相处。在平时的工作、学习和生活中，我们往往会遇到一些棘手的问题，并且难以解决，但是如果能使用幽默，问题必然容易得到解决。另外，幽默感还会增强自信心。在很多时候，自信的作用要远远大于能力。在幽默的推动下，我们定能够扬帆起航。

增强自己的表达能力

语言表达能力是现代人才必备的基本素质之一。在现代社会，由于经济的迅猛发展，人们之间的交往日益频繁，语言表达能力的重要性也日益增强，好口才越来越被认为是现代人所应具有的必备能力。下面这些小游戏，可以增强自己的表达能力。

1. **超级比一比。**

游戏目的：

看看人们的表达能力。

游戏准备：

人数：最少 10 人，需要 1 ~2 名主持人。

时间：不限。

场地：不限。

材料：写有题目的纸条。

游戏步骤：

（1）分组，每组5~7人。

（2）一组排开。除了第一人，其余的人皆面向相反的一边，只会看到下一人的后脑瓜。

（3）主持人把写着题目的纸条给第一个人看。

（4）当第一个人准备好后，用10~15秒的时间传给下一个人看。要传之前先拍打下一人的背，好让那个人转身面向自己。做动作的人不可用写或出声来表达题目。这样依次传下去。

（5）传到最后一人时，主持人向前询问答案，如果多于半数的人答错，可叫第一个比划的人再比划一次。

（6）每组轮流比划不同的题目。

游戏心理分析：良好地进行交流沟通是一个双向的过程，它依赖于你能抓住听者的注意力和正确地解释你所掌握的信息。

有了良好的沟通，办起事来就畅行无阻。交流可以让人们之间的关系变得更加密切。在比划的过程中，人们通过肢体语言传递信息，达到了交流的目的。

2. **哑剧天才。**

游戏目的：

通过非语言表达看人们的理解能力和表述能力。

游戏准备：

人数：不限。

时间：不限。

场地：室外。

材料：书本、听诊器、粉笔。

游戏步骤：

（1）职业表演

让参与者想象一下司机、飞

青少年要学会增强自己的语言表达能力

行员、经理、教师等的职业特点，每人选择一个扮演。如表演医生可以穿上白大褂，脖子挂上听诊器，为别人看病、打针。表演教师可以夹着书本和拿着粉笔，这是很直观的表达；也可以给别人上课，这是行为的表达。看看谁的角色扮演得好。

（2）故事表演

主持人先给参与者讲一个故事，故事的情节不宜太复杂，人物最好一两个。让参与者先复述一遍故事，不要纠正、补充遗漏的部分；再请他不用语言，将故事表演出来。

表演者可以扮演其中的一个角色，请别人扮演其他的角色；也可以自己同时扮演几个角色，这个难度更大。

（3）无声电影

电影的高潮部分一般更多的是靠表情和姿势表现的。在有声电影出现之前，无声电影同样表现了故事的情节和人物的情绪。

截取某部电影中的一段情节，请参与者不用语言，表演出电影情节的内容。

在选择故事或电影情节时，最好是适合表演的，不要太深奥、玄幻。因为是哑剧，所以需要对所要表演的故事或形象等有更深的理解，需要更强的非语言表达能力。

游戏心理分析：人类具有丰富的非语言表达能力。人们通过肢体语言能很好地将自己的情绪和状态表达出来。从人们的非语言表达中，我们可以看出自己的理解力。只要做到正确的表述，人们才能获得准确的理解。

自我管理箴言

语言能力是我们提高素质、开发潜力的主要途径，是我们驾驭人生、改造生活、追求事业成功的无价之宝，是通往成功之路的必要途径。

增强自己的沟通力

沟通是人类集体活动的基础，是人类存在的前提。沟通是人际情感的基石。良好的沟通才可以造就健康的人际关系！下面介绍一些沟通与交流的小游戏，以便培养你的沟通力。

1. **登黄鹤楼。**

游戏目的：

学习如何制造双赢的局面；增强彼此之间的沟通；启发创意。

游戏准备：

人数：不限。

时间：不限。

场地：没有障碍物的空地。

材料：长竹3支（3.5米，10厘米）；短竹3支（1.8米，10厘米）；绳子10条（3.5米长）。

游戏步骤：

（1）先将人们分成两组，每组5~6人。把用具分派给各组，一组发2支长竹、1支短竹及5条绳，另一组发1支长竹、2支短竹及5条绳。

（2）于限定时间内（30分钟），建立一个离地一尺、足以支撑其队员的架子。

沟通是成功的桥梁

（3）队员站在架子上维持10秒，

队员身体不能触碰地面。

游戏心理分析：通过这个游戏，可以让大家学会合理地运用资源。面对一些困难，转换一下思路，突破原来思维的局限性，人们很快就能找到新的出路。在与人合作的时候，交流和沟通是人们解决问题的前提。交换彼此的想法和意念，对激发人们的创新思维很有帮助。

2. **转勺子。**

游戏目的：

增进人们之间的交流和了解。

游戏准备：

人数：不限。

时间：不限。

场地：室内。

材料：需要准备一个勺子或其他能够起到转动定向作用的物品。

游戏步骤：

（1）首先通过转勺子或者可以转动定向的东西确定一个人，作为回答问题者。

（2）再进行转动，找到两个或三个提问者。

（3）提问者每人提一个问题，由回答者回答，要求回答到提问者满意为止。

（4）回答结束后进入下一轮。

游戏心理分析：人与人之间需要沟通和理解，我们在沟通中获得和给予这种认可，从而获得心理满足并满足他人，同时将其转化为心理能量。该游戏中的这种传递信息的方式，代表着接受、兴趣与信任，是开放式态度的一种体现。这种游戏也意味着要控制自身的情绪，克服思维定式，做好准备积极适应对方的思路，更好地理解对方的话，并及时给予回应。

3. **百花争艳。**

游戏目的：

帮助人们消除拘谨情绪，增进沟通。

游戏准备：

人数：30～50 人。

时间：15 分钟左右。

场地：空地。

材料：奖品。

游戏步骤：

（1）让所有的参与者务必记住以下每种花对应的数字：牵牛花——1；杜鹃花——2；山茶花——3；马兰花——4；野梅花——5；茉莉花——6；水仙花——7。

（2）游戏开始，主持人击鼓念儿歌。主持人的儿歌随时会停止，当主持人喊到“山茶花”时，场内的参赛者必须迅速围成 3 个人的圈；当喊到“水仙花”时，要围成 7 个人的圈；当喊到“牵牛花”时，只要 1 个人站好就可以。凡是没能够与他人结成圈，或者围成的圈人数不对的，都被淘汰出局。

（3）等到圈内剩余人数只有 5 人左右时，游戏即停止，这些剩余的人可获得奖品。

游戏心理分析：如何才能拥有好人缘呢？俗话说得好，牵牛要牵牛鼻子。这人缘的事，只要贴近了人的心，就八九不离十了。也许有人会说，人心隔肚皮，哪能说贴就贴。看过了太多人世间的尔虞我诈，很多人早已忽视了“真诚”二字。其实，这简单的二字，便是让人心贴心的强力胶。

4. **晋级。**

游戏目的：

考验人们的沟通能力。

游戏准备：

人数：不限。

时间：不限。

场地：不限。

材料：无。

游戏步骤：

（1）让所有人都蹲下，扮演鸡蛋。

（2）相互找同伴猜拳，或者其他一切可以决出胜负的游戏，获胜者进化为小鸡，可以站起来。

（3）然后小鸡和小鸡猜拳，获胜者进化为凤凰，输者退化为鸡蛋，鸡蛋和鸡蛋猜拳，获胜者才能再进化为小鸡。

（4）继续游戏，看看谁是最后一个变成凤凰的。

游戏心理分析：在猜拳的过程中，大家可以玩得津津有味，所以这个游戏是一个典型的可以调节气氛的游戏，可以让大家在玩乐中相互熟悉起来，从而更好地沟通。沟通是为了达成某种共识。交际与其说在于交流沟通的内容，倒不如说在于交流沟通的方式。这也是人们之间相互理解的一个过程。人与人之间相互理解才能做到心理上的认同，这种认同感是人们交流的重要条件。

自我管理箴言

人际沟通注重和每一个人进行良性的互动。既不能够偏重某些人，使其他人受到冷落；也不应该只顾自己，想说什么就说什么，爱说什么便说什么。否则你只是在发表意见，根本不是在进行沟通。善于沟通的人，必须随时顾及别人的感受，以免无意中破坏了自己的人际关系，造成恶劣的沟通效果。

自我管理基地

自说自话练习

“自说自话”就是自己对着自己说话。我们利用这种方法来练习我们的说话能力。大体做法是：听了一段话，自己学着说一遍；读了 段材料，自己试着复述出来；写了一篇讲稿，先练习说一说；想妥了一个意思，自己试着讲一次……上述种种，都是在没有听众的情况下进行的。所以，称之为“自说自话”训练法。

简单、易学、收效快是“自说自话”的特点。如果长期坚持练习，就会取得很好的效果。经过锻炼，那些之前从来不敢在公众场合说话的人也会讲出有头有尾、有条有理、有情有趣的一番话了。对口才提高之快，他们自己也惊奇不已。古人说，“字无百日功”。用“自学自话”训练法练口才，也可说是“话无百日功”。这种方法的侧重点在“自我”二字，以我为主，自己说，自觉练，自己琢磨，自己总结，反复实践，在实践中求提高。主要训练过程是：

1. **自备。**

准备材料：“自说自话”的材料可以是可供讲述的文章，他人一段完整的讲话，默想好的有中心、有头尾的内容，或是一份已经写好的发言稿或讲话稿。

在“读”“听”“想”“写”四种“自备”过程中，有“三要”一定要做到：

（1）明确目标。在准备材料的时候，一定要选那些适合自己讲述的材料。

（2）注意条理。把讲述材料的每段、每层的意思一一理出，编成讲述提纲，醒目易记。

（3）分清主次。抓住了重点，讲述时才能主次分明，运用自如。

2. **自讲。**

找一个安静的地方，或者是森林、湖边、或者是羊肠小道，总之是四周无人的地方。这样可以“自说自话”。拿出准备好的材料，不断讲述。可以把山水草木、风云雨雪、桌椅床几等模拟为听众。讲述时要做到：

（1）假戏真做。为了达到自己锻炼口才的目的，一定要假戏真做。只有认为自己真的是在“实战”，才能全心投入，不断提高自己。

（2）有声有色。在做到“假戏真做”之后，当“自说自话”之时便要有丰富而恰当的神态、表情相伴随。著名播音员陈醇说过：“艺术就是感情。我用感情塑造形象。口才是交融感情，沟通人际关系之才。真挚的情感，比金子还贵重。没有感情，话就难以讲好。”用感情统帅语言，使之有声有色，这在练习口才时是绝不可少的。

（3）手舞足蹈。在讲话的时候要以手势相助。在各种感官，如脑、眼、嘴、手、头、脚等的协同下，你不仅能很好地记住自己所讲的内容，而且还会使讲话变得生动活泼。

3. **自讼。**

所谓"自讼"就是"自己告自己的状"，从中发现自己讲话的不足之处。在进行"自说自话"锻炼的时候，可以录音，讲完后细听。此时，你不仅是一个说话者，而且也是一个法官，对你所说的内容进行判断。从中心是否突出、构思是否精巧、内容是否丰富、言辞是否有趣、语句是否流畅、声音是否洪亮等等许多方面一一检查。查完，归纳成几条，记入"自讼笔记"，力促日后不重犯错误。

4. **自结。**

在一段时间过后，就要总结自己的经验和教训，这样可以给自己更好的指导。以百日为一期，把总结内容写成一篇小文章，作为训练口才的阶段性的归结。这样，一步一个脚印，步步为营，节节提高，不愁练不出好口才。

第七章　维护好关系——与同学快乐相处的妙方

同学关系是一种人际关系，班级、学校是一个小型社会，在这个小集体中学会处理好同学关系，将来走上社会才能善于处理各种复杂的人际关系，适应社会、影响社会。所以，处理好同学关系对我们的成长至关重要。

冲突是不可避免的

冲突可能不是件令人开心的事情，但是在很大程度上是不可避免的，所有的人际关系都会时不时地经历冲突。

一个人的嘴里住着牙齿和舌头两位住户，这两个邻居可以说得上是水火不容，今天你打我一下，明天我咬你一口，这两个邻居只顾着兵来将往，丝毫没有考虑到他们住着的这个"房子"——主人的感受。你说这牙要是咬了舌头，直接受害者是舌头，可间接受害者是谁呢？是这房子的主人。

这一天，这房子的主人正在应酬着，在饭桌上谈一单生意，上菜了，主人拿起筷子，夹了一块红烧肉，牙齿嚼呀嚼，舌头看牙齿这么认真地工作，也就卸下防备，想要好好地睡上一觉。唉，这常言说得好，"害人之心不可有，防人之心不可无"，不过这句话要是改成"害舌之心不可有，防牙之心不可无"，那就更贴切了。牙齿的确在很认真地工作，但是舌头忘了牙齿也有眼睛的，而且还不止一只，每一颗牙的内侧都有一只眼睛，这许许多多的眼睛无时无刻不在观察着周遭的情势。一颗门牙看到舌头正昏昏欲睡，它马上把这一信息报告给牙齿总司令——大板牙。

门牙不动声色，先悄悄观察一阵，趁舌头不注意，猛咬了舌头一口。结果，主人一下子从座位上跳了起来，大叫一声"啊——"，其他客人都很奇怪地看着他，他不好意思地笑笑，又坐了下来，只感觉满口腥味，他被牙齿惹怒了，心想："上次去检查牙齿，医生说要拔掉一颗牙，等一下我就去拔掉。"舌头一听，心暖了；牙齿一听，晕了。

过了N年以后，舌头和牙齿都老了，它们有时还拌拌嘴，可再也打不起来了。这人老了，牙不好，舌头还蛮好的。牙齿还要咬舌头，可它要咬得着

冲突容易使人心烦意乱

啊，牙都掉得差不多了，哪里还咬得着呢？

又过了若干年，牙齿再也狂不起来了，你想，只剩一颗牙了，它怎么还狂得起来？这一天，牙齿和舌头都纳闷了，咱俩吵了这么多年到底为什么呀？好好想想，都是一些鸡毛蒜皮的小事儿。

“牙齿虽硬但它寿命不长；舌头虽软，但生命力强。”牙齿与舌头各有各的特点，各有各的风格，它们因为彼此的不同偶尔会有一些冲突，但是当年华老去，终于明白为彼此的差异而争吵或者互不接纳并没有太大的意义，因为它们在同一个屋子下相伴了一生。

在冲突发生前，你有没有思考过这样的问题：是选择合作还是选择冲突呢？

有句话说：“人类天性的至深本质，就是渴求为人所重视。”在我们的生活中也都期望自己是受欢迎的人，就是要能与别人和谐相处。其实，人与人之间的关系不像是争斗而更像是一种舞蹈——舞蹈必须通过与舞伴的相互合作才能实现，你必须说服其他人成为你的“舞伴”，与你共舞。刚开始你可能是笨拙的，但足够的练习和顽强的意志力可以让你们一起共舞，而不是各抒己见。

自我管理箴言

生活中似乎时时处处都会发生冲突，不论是在同学之间，还是在师生之间、邻里之间，冲突常常搅得人心烦意乱，造成人与人之间的不和乃至仇恨。我们不妨反思一下，回忆一下你以前与人发生的争执、吵闹甚至厮打，并列出你生活中的人际冲突的清单。

怎样与同学重归于好

青少年朋友们在一起，难免有磕磕绊绊，再好的朋友也有发生矛盾的时候，发生矛盾怎么办？有的同学试图通过交谈消除隔阂，重归于好。但又往往由于话不投机，致使双方越谈越僵，只好不欢而散。因此，如何与闹别扭的同学和好，也就成了不少同学为之搔首的难题。

小刚最近很郁闷，他遇到了一个难题。前两天和小武为亚洲杯足球决赛是中国队得冠军还是日本队得冠军的问题争得面红耳赤。小武认为日本队会得冠军。小刚当众骂了他一顿。没过几天不幸的结果出来了，还是小武猜对了。自此以后，小武处处与小刚作对，不是讥笑他猜测亚洲杯胜负结果的错误，就是在踢球的时候指责小刚传球不到位，踢球太傻，不动脑子。两人经常争吵，甚至还动了手，弄得小刚苦恼万分。回想事情的起因，还是自己因为一点小事说了过分的话造成的。本来就没有什么深仇大恨嘛！怎样才能与他和好呢？小刚陷入了深深的痛苦当中。

同学们朝夕相处，出现某些不愉快，发生某些摩擦都是很正常的，不必大惊小怪。即使是争吵也并不可怕，要说可怕，那就是争吵后不能重归于好。

争吵过后，双方在心理上出于防御的需要，容易互相筑起屏障，阻碍感情的沟通。此时，极易促使同学之间的感情发生危机，产生敌对情绪，形成“鸡犬之声相闻，老死不相往来”的僵局。这种局势的出现是极为可怕的！同学之间的感情受到压抑，被抑制的心理会影响同学们的学习与生活。

争吵后怎样设法重归于好呢？

1. **真诚坦白。**

争吵都是事出有因的。有时是因为一件小事；有时是为了坚持原则；有时是因为误解；有时是因为某种不周……不管事因巨细，也不管有理无理，争吵总是不好的。所以争吵的双方事后都应该勇敢地解剖自己，向对方诚恳地表白和道歉：“请谅解。刚才都是我心急，多说了几句，其实我没那意思……”尤其是理亏的一方应向对方说一声：“对不起，都是我的错！”争吵犹如积雪，得到阳光普照会融化为水。青少年，年轻气盛，要在争吵后真诚坦白是不容易的，因为青少年自尊心都很强。其实，能向对方勇敢解剖自己，真诚地表白自己，更能显示一个人的宽厚胸怀。

2. **创设意境。**

争吵后的同学往往都退避三舍，尽可能远离对方。在路上相遇宁愿绕道而行，即使狭路相逢，也从不说话，不理不睬。实际上，争吵过的同学在冷静下来以后，多数已经能意识到自己的不足，本来已经有和好的愿望，但都因为不好意思先开口，担心对方拒绝时难堪，才使僵局长期延续。这种状况往往如同黎明前的黑暗，只要天边一亮，黑暗就会消除。因此，双方应主动设法创造一种友好的情境，尽量寻找说话的机会。只要一说话，相互就有了沟通的契机。

比如，在路上相遇，就不必绕道而行，应勇敢地打破沉默，主动搭话，打个招呼，问声好；在班级讨论时，应主动接近对方，找一个对方也乐意接受、喜欢的话题谈谈；或晚饭后相邀散散步；或共同参加某一活动……

3. **巧言转述。**

我们大家都知道负荆请罪的故事，战国时期，赵国大臣蔺相如因功被封为上卿，官位比老将廉颇高。廉颇不服，故意挑衅。面对挑衅，蔺相如运用“转述”的方法，把自己对廉颇的态度传给了廉颇，廉颇听后深受感动，亲自上门负荆请罪。

我们同学之间争吵后也可利用“巧言转述”的方式，以求得“和好如初”。比如，和同学争吵了，自己又碍于面子，不敢当面与对方直接交谈，道出自己的歉意。这时可以寻找同双方都友好的、信得过的人做“中介人”来传达自己的“心声”。或者是在与同学交往时，有意透露自己对争吵的看法。以及希望友好的心情。“中介人”会充当传声筒，把意见“转述”给对方。对方收到信息后，会被真情所动，真相大白后，心心相通了，双方就会和好如初。

那么在什么情况下向同学和解呢?

俗语说：“打铁要看火候。”时机把握不好，若谈早了，对方气还没消，双方难以说到一块儿；谈迟了，对方误解已深，增加了谈话的难度。那么，什么时候才算抓住了与对方谈话的时机呢？一般来说要选择以下的时机：

1. **在对方情绪愉快时。**

当情绪不快时，人的思维呈现封闭状态，不易听进不同的意见。常言道：“人逢喜事精神爽”。当人的情绪愉悦之时，待人比较温和、谦逊，更能听进对方的一些意见。情绪愉悦时，待人也会更宽容，容易原谅别人的过错，也不会过多地计较对方的言辞。因此，当你发现与你闹别扭的同学情绪愉快的时候，应抓紧这个时机与其沟通、寻求和解。

2. **在对方有和解愿望时。**

在与他人发生无原则纠纷后，大多数人都会对自己的行为进行自觉反省。通过反省察觉自己的过错后，就会产生求和的愿望，并会主动向对方发出一系列试探性的和解信号，例如：通过第三者向自己传递信息，对方不躲避自己，主动与自己接近、打招呼，与自己见面时由过去的满脸阴云到“转晴”，或者暗中帮助自己排忧解难等。此时，我们及时地投桃报李，就会收到良好的效果。

3. **在第三者有效的调解后。**

第三者（同学、老师）有效的调解，给双方架起了一座感情的桥梁，能去除对方的心理屏障，促使对方产生求和心理。此时，只要你能勇敢地走过“桥”去，心平气和地与其促膝谈心，种种误会就能排除，矛盾也就会烟消云散了。

自我管理箴言

每个同学都希望在一个具有良好班风的班级学习，谁都不愿意和有敌意的人在一起。所以争吵后应设法重归于好，以维系同学间美好的情感。

正确排解嫉妒心理

嫉妒是对别人的优越地位而在心中产生的不愉快的情感。它是对别人的优势以心怀不满为特征的一种不悦、自惭、怨恨、恼怒甚至带有破坏性的负面情绪。

中小学生一方面由于心理发展不完全成熟，另一方面由于社会交往范围日益扩大，置身一种充满竞争的学校或社会环境，于是个别差异在相互交往中被突出了，由此而导致的优越地位成为他们追求的目标。羡慕他人的优势，激发起一个人的奋发图强的精神，这是积极方面，但也可能使人因此而产生嫉妒心理。由于看到别人的长处，自己无力或不愿改变现状，于是就会对对方表示不满、愤恨，甚至加以损害。

中小学生嫉妒心理的内容主要有以下几个方面：

1. **学习、工作。**

学业优秀、人际交往能力强、工作出色的人往往成为嫉妒的对象。因为这些人所具有的优势常直接与评“三好”、评优秀干部、评奖学金、择业分配及领导的赏识相联系。而这些方面处于弱势的人必心生失落之感，虽然其中一部分人能正确对待，但也有部分人则心生不满、怨恨、充满敌意，甚至图谋拆台和报复。

2. **爱情。**

爱情是中小学生开始接触的一个问题。爱情本是一种美好的情愫，然而却容易把双方烧得头脑发昏，走向嫉妒的极端。可以这样说，爱情与嫉妒是一对双胞胎。正如西班牙著名剧作家卡尔德隆所说：“没有醋意的爱情等于没有灵魂的躯壳。”轻微的嫉妒可以促进爱情，一旦妒火过盛，则容易把爱情之花烧灼枯萎，甚至导致杀人或自杀的严重后果。

3. **才貌。**

才貌是指天生的智慧及外貌。优秀的才能和俊美的容貌容易使人得到幸福和成功，而才貌较差者则要为此付出巨大的努力。嫉妒心理便由此而生了。

嫉妒心理的发展有三个阶段：

1. 程度较浅的嫉妒，往往深藏于人的不易觉察的潜意识中。如自己与某同学相处很好，对于他的优势名誉、地位等并不想施以攻击，不过每念及此，心中总会感到有一种淡淡的酸涩味。

2. 程度较深的嫉妒，是由强度较浅的嫉妒发展而来的。其标志是当事人的嫉妒心理不再完全潜抑，而是自觉不自觉地显露出来。如对被嫉妒者进行间接或直接的挑剔、造谣、诬陷等。

3. 非常强烈的嫉妒，嫉妒者此时已丧失理智。向对方做正面

嫉妒容易让人失去理智

的、直接的攻击，希望置别人于死地而后快。这样往往会导致毁容、伤人、杀人等极端行为。

嫉妒会产生害人害己的不良后果，中小学生应学会理智地处理嫉妒心理。

1. 正确看待人生价值。

这样，你就能摆脱一切私心杂念，心胸开阔，不计较眼前得失，更不会花时间和精力去嫉妒他人的成功了。一个埋头于追求自己事业的人是无暇顾及别人的事的，俗语说“无事生非”，正出于此。一个人没有理想，胸无大志，无所事事，就会去挑别人的刺，寻别人的短，自己不进取，却去阻碍他人前进，唯愿众人都平庸度过，相安无事。

2. 发挥自我优势。

金无足赤，人无完人，各人自有自己的优势和长处。追求万事超人前既无必要，也不可能。某些方面自己不如人，但却可能在另外一些方面做得更好。所以要学会全面地认识自己，既看到自己的长处，又正视自己的差距，扬长避短，发现并开拓自身的潜能，不断提高自己，力求改善现状，开创新局面。

3. 培养达观的人生态度。

人生本就是一个大舞台，每个人都有自己适合的角色，人人是“自得其所”，各有归宿；要有勇气承认对方有比自己更高明更优越的地方，从而重新认识、发现和创造自己。这样就能从病态的自尊心和自卑感中解放出来，从嫉妒的泥潭中自拔出来。

自我管理箴言

嫉妒心理不但影响身心健康，还影响学习工作。嫉妒心强，直接影响人的情绪，而不良的情绪则会大大降低学习或工作的效率。

受到同学嫉妒时怎么办

莎士比亚的四大悲剧之一《奥赛罗》，讲述了英雄奥赛罗受到恶人的蛊惑，诬陷他的妻子——美丽的苔丝狄蒙娜不贞，在嫉妒之火的灼烧中，丧失了理智杀死自己妻子的故事。可见，嫉妒有多么大的危害。客观地讲，每个人都有嫉妒之心，有嫉妒之心并不可怕，可怕的是嫉妒超过一定的"度"就会使自己产生忌恨、愤怒等负面情绪，还会破坏同学关系。青少年朋友们要学会将嫉妒之心升华为上进之心。同时，我们每个同学还难免被人嫉妒，遇到这种情况我们也要学会应对之法。

朋友之间、同学之间知根知底，其中一个脱颖而出，很容易让其他人从高兴到羡慕，从羡慕到嫉妒。

阿敏是一个开朗、豁达的女孩，性格有点儿像男孩子，很少为什么事情苦恼，但最近遇到一件实在令她生气的事情：阿敏和另外两个好朋友升入高中后分在一个班，一年以后，三人的成绩逐渐拉开了差距，阿敏学习努力、用心钻研，又当上了班长，这引起了另外两位朋友的嫉妒，麻烦也从此开始。

她们先是到处传言，说阿敏的成绩是作弊得来的。刚听到这个传言时，阿敏还向她们倾诉，她们也表现得义愤填膺，说根本不相信这样的传言，并说要帮阿敏驳斥传言。可时间一长，阿敏渐渐了解到，这些传言实际就是从她们俩那里传出来的。因为她们三个人关系好，所以，这个传言显得很有说服力。阿敏了解到这个事实的真相，很生气，真想跟她们俩大吵一场，可转念一想，吵闹又有什么用呢？自己行得正、走得端，谣言自然不攻自破。开始阿敏对这个传言置之不理，仍然正常学习，如果是作弊，难道每回都能抄得高分？阿敏憋足了劲下次再拿第一名。果然，过了没多久，这个传言慢慢平息了。可是另一个更恶毒的传言出现了，说阿敏早恋，在社会上乱交男朋友，平均每两个月换一个男朋友，许多同学在背后指指点点，阿敏简直要气疯了。为了这件事情，阿敏的情绪变得很忧郁，学习成绩一落千丈。白天勉强上课，晚上常常失眠，一个月下来，阿敏整个人都瘦了一圈。阿敏不知道该如何处理这件事情。面对这种情况，不妨这样应对：

1. **走自己的路，让别人去说吧。**

首先对嫉妒置之不理，阿敏处理第一个传言（考试作弊）的态度很明智——不屑一顾，这是对传言制造者的最大反击。这样做不是胆小，不是逃避。如果在具体问题上一一驳斥对方，可能澄清了某些传言，但还是在按照对方的思路走。如果为了击败她们而就此与她们公开辩论，即使赢了，这只在战术上偶有所获，却在战略上误入歧途。阿敏应该像没发生这些事情一样，一如既往地生活、工作，不但外部行为表现如此，更应该调整自己的心态，从心理上摆脱这些传言的影响。

2. **向嫉妒者“示弱”。**

当被嫉妒的人感到幸运之时，嫉妒者却因此感到不幸，这是嫉妒心理产生的根源。因此，如果你感受到他人的嫉妒、彼此关系尚存之时，适当地向对方示一示弱是有必要的。如吐露自己的不幸往事、自己所做出的极大的努力以及目前还有的困境等，这样做的结果会缩小双方的心理距离，并转移对方对你成绩、幸运感受的注意力。这会使对方感到你的谦虚，也会使对方对你的努力自叹不如，甚至会产生对你的理解，从而有可能使妒火“烟消云散”。

3. **主动求助于嫉妒者。**

向嫉妒者示弱的一个具体的做法是主动求助于嫉妒者。如果我们能不计较对方对自己的嫉妒，主动寻求他们的一些帮助，使他感到“你也有求于我的时候”，自尊心能在一定程度上获得满足，这样，妒火的温度就可能降下来。

4. **让嫉妒者一起分享欢乐。**

你取得的成绩多多少少获得过别人的帮助，因此，当你取得成绩并获得荣誉时，要注意不要冷落人家，更不要居功自傲。你可以用言语表达对大家的感谢，如“我获得优秀学生干部的称号，是大家对我的支持，荣誉是大家帮助的结果”。或者将得到的奖品让大家包括嫉妒者一起分享，这都有助于减少他人对自己的嫉妒。

当然，有时你尽管做了很大努力，但有的人就是妒火中烧，甚至采取了一些破坏行为。遇到这种情况，你也不必退缩。此时，可在老师和家长的帮助下，对他进行必要的教育。

自我管理箴言

当你感受到有人嫉妒你时，不仅不还击，还主动帮助嫉妒者，促使其发挥自身的潜力，获得进步，这是熄灭妒火的最高境界。在日常生活中我们经常看到，学习、工作有所成就，还肯帮助别人的，其“人缘”总比“自顾自”的要好，受人嫉妒的程度也比较轻。

同学之间要互相尊重

我们常说，要尊重别人，实际就是要尊重别人的个性。因为没有“别人”的个性也就没有了“别人”，侵犯了别人的个性也就侵犯了别人本身。侵犯了别人，当然就难以同他发展友谊了。

高一（四）班的张宗和李伟森昨晚打起来了。同班同学有的惊诧，有的却认为这是理所当然的事，不以为然。

惊诧是因为他们俩刚入学那阵子可谓形影不离，亲如手足，曾经把饭菜票放在一块儿开支。

不以为然是因为张和李是两个不同性格类型的人，张是一位性格内向的人，平时总喜欢自己在安静的环境中看书。李则是一位性格外向的人，喜欢唱唱跳跳。

两个人刚入学时可能因为互不了解而互有好感，以至于称兄道弟。后来却因为加深了了解反而慢慢疏远了。对他们的友谊危机，双方都曾试图寻求途径加以缓解。张试图“劝”李静下来看一看书，李也“劝”张学会说话，唱唱歌，而且两个人都做过努力，下过不少工夫，但都因为不是“那块料”，而先后放弃了，仍把精力和时间花到自己的“专长”上去了，他们之间的隔膜也就此产生了。

同学们都说，昨晚打架是两个月来他们矛盾发展的必然结果。

昨天中午，张正好从图书馆借回一部小说。吃完饭就在宿舍自己床上如饥似渴地“啃”起来。而李恰好从其他同学手中拿到一本《卡拉OK曲集》，饭后精神饱满，也抓紧午休前不多的时间，扯开嗓子唱了起来。

慢慢地，张不耐烦了，吼了一句：“别唱了！”

李哪里服这口气：“你不看行不行？”也怒气冲冲地顶了一句。

“空虚，有时间为什么不多看书！”张回一句。

“无聊，有精力为什么不唱唱歌！”李也回敬一句。

“看看小说可以充实自己，唱歌有什么用？想当歌星赚钱？没门！”

尊重别人就是尊重自己

“唱唱歌可以调节生活情趣，陶冶情操，看小说有什么用？想当文学家，做梦！”

就这样，你一句我一句地来回攻击，最后打了起来。

张和李之所以由亲如手足发展到拳脚相加，原因就在于双方都试图去改变对方的爱好，都认为自己的爱好是好的、高尚的，而对方的爱好是低级的、庸俗的。因此，认为对方应该向“我”学习、转化。

爱好也是个性的一方面，不尊重

别人的合理爱好也等于不尊重他人。试图改变别人的爱好也就是试图改变别人的个性。发展爱好、兴趣乃至个性，除违法的和同社会发展不相一致的之外，应该说是自由的行为。想去改变别人的爱好实际上是对别人自由的干涉，当然也就侵犯了别人发展的权利。

实际上，彼此互相欣赏，互相信任，是因为受到对方个性的吸引。喜欢上了某个人就等于喜欢上了他的个性。谁都不愿意找到一个和自己“没两样”的人做朋友，否则，倒不如“顾影自怜，孤芳自赏”。

学生阶段，是个性趋于成熟的时期，个性、兴趣、爱好等都正在形成、发展中。正是这时候，最强调个性，最强调自我的独立。常常听到有同学反映，“某某老师不理解我”，“我爸爸不尊重我”等，这本身就是强调自己个性的表现。每个同学都不喜欢自己受到别人侵犯，那就将心比心，以实际行动尊重别人的个性，别再试图去改变别人的个性。

自我管理箴言

每个人都不希望把自己丢失而异化为别人——也就是不希望自己的个性被改变。个性是两个人认识、建立友谊的最初着眼点。互相尊重对方的个性则是友谊得以维系的保证，因为没有人愿意成为别人的“附属品”。

向同学诉苦应当有度

青少年有时遇到不愉快的事常常会向同学诉苦，但诉苦也要有度。

1. 诉苦为什么要适度。

“生活是一条路，怎能没有坑坑洼洼；生活是一杯酒，饱含着人生酸甜苦辣……”的确，在人生的道路上，有平坦的康庄大道，也有崎岖的羊肠小路。人生有甜蜜也有苦涩，有快乐也有痛苦。

痛苦无疑是对人生的一种煎熬。因此，每个人都在寻找途径摆脱痛苦。哲学家培根曾这样说过：“把幸福告诉朋友会使幸福增加一倍；而把痛苦告诉朋友则会使痛苦减少一半。”因而，我们不主张把苦只作为个人的专利，而应适当让它曝光。心里有烦闷，有苦痛，不宜强忍，而应寻找适当的机会，尽情地倾诉。

然而，诉苦的人还应该明白，诉苦对诉苦者来说是一种解脱，而对听诉苦的人是一种承受。同一件“苦楚”，诉得过多，不仅不会减轻，反而会加重。有些不是“苦”的东西，诉多了也会成为“苦”。而且诉苦多的人，往往诉的不是真苦。因此，“苦”并不是诉得越多越好，尤其那些不是“苦”的“苦”，更不宜多诉。

2. **诉苦过多的反面效应。**

经常在同学面前诉苦，会使同学们失望，认为你是个缺乏信心的人。痛苦的出现往往是生活上的不顺心，工作上的不称心，学习上的不如意等。能力强的人痛苦会少些，当痛苦出现时，能力差的只靠“诉苦”博得同情，品尝不到人生的甘甜。常在同学面前诉苦，就是一种无能，是对摆脱痛苦缺乏信心的表现。

诉苦要有度

经常在同学面前诉苦，也会使同学觉得你在故意夸张自己的艰难处境。有时痛苦来自生活中的逆境，苦多意味着逆境多，逆境多又意味着经验丰富。在向别人诉苦的同时，无意中就似乎在吹嘘自己的能耐本领：看我忍受了这么多苦难，你们应该多迁就我些。

由于过多诉苦而造成的这些误会，势必影响你和同学间的友谊，甚至会导致交往的失败。

每个人都有自己一本难念的经，每个人都有自己的苦楚。别人不诉苦，并不表明他一切都很如意、幸福。苦是自己经历的，自己感受的。感受不同，苦的伤害也不同，因而苦是无法比较的。若你常在同学面前诉苦，或许会使同学瞧不起你。

覃强是城里的孩子，平时很少做家务。有一次，爸妈都出差了，他回家后无奈做了家务。到校后他就总对同桌江斌说：他回家得煮饭、洗菜、做菜、洗衣服等，好累好累。在农村长大的江斌每天除煮饭外，还喂鸡、喂鸭、帮爸妈干农活。覃强的这点苦在江斌眼里算得了什么？江斌会觉得：覃强你受这点苦就忍受不了，而我呢？如此，覃强诉了苦不但得不到江斌的同情，反而被江斌小看，这真是何苦来呢？

可见，我们每个人都应有深沉的心胸来盛生活的苦水，学会用自己的舌头舔自己的伤口。痛苦，倾诉给别人，抑或能得到别人的帮助、别人的开导，但要从根本上解脱痛苦，还得自己努力。

“解铃还得系铃人”，你是你自己的主人，一切都应由你自己做主。

自我管理箴言

生活中开朗、幸福的人，并不是说他就没有苦，正因为生活中有痛苦才会有快乐。我们应该以笑脸迎接生活，以微笑面对人生。当然，面对自己无法承受的打击，也应该向同学倾诉，不要闷在心里，自己找自己的别扭。我们这里强调的，只是不要老是过分地诉那些不是苦的苦。

让“闺密”友情不褪色

青少年时期，会有隐隐约约感受到身体上和心理上的某些变化。这些变化，既让他们感到兴奋，因为自己长大了，也让他们感到好奇、羞怯，还有一些迷茫，甚至恐惧。因为有很多事情是他们想知道的、需要知道的，却又羞于问父母、问老师，于是，他们把一个个问题化成一个个问号，藏在心里，顶多和最要好的同学或朋友悄悄地交换交换“情报”。

可见，青春期的孩子，在家人的关爱下长大固然重要，但是朋友间的倾心交流也是必不可少的。无论是小学还是中学，都应该有“闺中密友”，这样就会减少因缺乏倾诉劝慰而产生的无谓烦恼。

小爽和小薇是最要好的朋友。小爽留短发，有些男孩子气，小薇乖巧，秀气，是个文静的女孩。两个个性迥异的女孩仿佛磁铁的正负两极，都被对方牢牢地吸引了。

只要两人在一起，就有说不完的话和做不完的事。一起上课，一起下课，一起看动画片捧腹大笑，一起看小说梨花带雨。两个人在一起时觉得非常美好，就像是已经相处了很久的朋友那样亲切、自然。

你是我的另一半——闺密

小爽的“好朋友”来了，最先知道的是小薇，小薇对班里的男生小强产生了好感，最先告诉的是小爽。两个“闺密”早已结成了

"死党"。

小薇在一篇日记中写道：人的一生中总要面对低谷和信任的挑战，在这时还和你亲密无间的，依旧是朋友。友谊不用说出"谢谢"二字，因为真正的友情就在心里，朋友之间总是存在一种习惯的温柔，因为互相关心，互相帮助。友谊也可以有泪水，但因为有朋友相伴，泪水也可以变得甜美。

朋友是芸芸众生、大千世界、茫茫人海里的相伴相依，让人海漂泊的心不那么孤独，让人生漫漫的旅途不那么寂寞。

财富不是一辈子的朋友，朋友却是一辈子的财富！因为普通朋友很多，而且来得也快，去得也快。只有相互欣赏、相互理解、相互包容、相互支持，坦诚以待，有情有义，彼此交心包容又没有排他性的朋友，才是你一生中最大的资产！

像小爽和小薇这样的闺密，就能经得住俗事考验，不论境遇相差多远，都能真心祝福。茫茫人海，我们还是需要交几个这样的密友。就像万绿之中的红，又像荒漠中的绿。

有人曾说，女孩之间没有真正的友情，只有竞争。这话听来有些偏激。竞争未必是坏事，只是不要恶意中伤或诋毁。对青少年学生来说，除了亲情，最宝贵的就是友情。要学会交一两个能敞开心扉的知心朋友，当你遇到困惑时，你就不会感到孤独和寂寞，你就不会觉得失望和无助。

那么，怎样让友情不褪色呢？

1. 用热情去浇灌。友谊需要双方以热情来投入，相互了解，相互关心爱护，尽力帮朋友分担忧愁，想办法替朋友解决困难，不因小事而计较，不因个人得失而懊恼。

2. 用原则去培养。当朋友有缺点错误时，能够开诚布公地指出来，而不是袒护包庇。

3. 用谅解去护理。人非圣贤，孰能无过。朋友之间因种种原因，难免出现矛盾、发生分歧、产生误解，此时要冷静分析，互谅互让，坦诚交谈，主动化解，使友谊得以维系和增强。

自我管理箴言

要学会将自己的心事向密友倾诉。毕竟密友之间没有年龄的界限、没有阅历的隔阂，而且在一起的时间更久远。课间、课后可以随时交流、互相启迪。

利用善意的“谎言”

有些情况下，采用善意的谎言可以起到实话实说起不到的作用。青少年要学会在适当时机、适当场合，正确地运用善意的谎言。

我们提倡以诚相待，以心换心，彼此把真实的自我展现给对方，建立纯真稳固的友谊。

但是，这并不否认，适当地采用善意的谎言可以实现自己的良好愿望，可以曲折地表达自己对朋友的一片赤诚。

唐雅丽刚进宿舍的时候，就听同宿舍的其他同学在叽叽喳喳地议论，而梦玲正在自己的床边哭泣。雅丽当即放下行李，悄悄问旁边的同学。

雅丽问：“怎么了?”

几个同学说：“梦玲今天回家带来的钱被偷走了!”

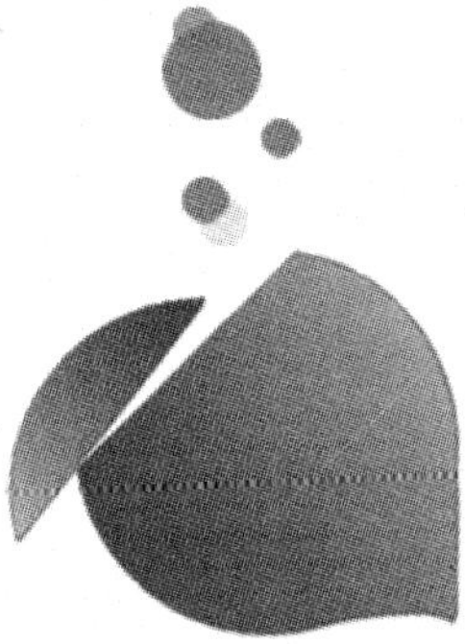

青少年要学会在适当时间利用善意谎言

"多少？"雅丽问。

同学答："反正这个月的伙食费和资料费全没了！"

雅丽若有所思地上了床，掏出所有的钱数了数，共45元，勉强够这个月的伙食。学习资料要等爸爸卖了猪才能捎来。但她拿了25元钱，利索地跳下床来，走到梦玲身边，挨身坐下，轻声地说："你也别哭了，反正丢了不会再来，就作为一次教训吧，我先给你点用用。"毕竟是老同学，梦玲知道雅丽的家境，推辞不要。

雅丽劝道："别逞能了，好吗？我家里是困难，可我这次带来了100多块钱，你先用这点，反正我还用不上，拿着！"雅丽边说边把钱往梦玲手里塞。

雅丽为了帮助同学，说了谎话。如果她实话说出她口袋里只有45元，梦玲肯定不会接受的。在这里，雅丽的谎言是善意的，所以她对朋友的心是真诚的。善意的谎言是出自一个人心中最善良、柔软的部分，虽是谎言，却胜似真言，我们应以辩证的眼光看待它。

此外，善意的谎言还可成为缓解矛盾、减少冲突的润滑剂。

梁平对班长有意见，班长连续几次主持召开班委会，他都借故没去参加。班长终于动了气，对着梁平的好朋友李义骂了他一些难听的话，并叫李义转告他，说下午开会时还不来，就提请全班表决撤了他的职务。

李义走后，班长感到有些后悔，觉得发火动气未免失礼。

李义离开班长后，想到如果照原话转告，梁平可能干脆不来，对班长意见或许会更大，两人矛盾会更深。于是，他找到梁平后说："班长准备下午再开一次班委会，由于你对要讨论的问题一向很有经验，所以请你一定出席，好多人都想听听你的意见。"

梁平经李义这么一说，觉得班长还挺尊重自己的，过去那么闹别扭，真有些不好意思。下午，他高高兴兴参加了会议，而且发表了很中肯的意见，受到大家的称赞。班长同梁平之间的疙瘩也从此解开了。

由上例可见，能否适当地采用善意的谎言，全看当事者的机智和社交经验。李义处理得就很好，表现出他在工作上很成熟老练。

自我管理箴言

善意的谎言是有益的，只要它被用在适当的时机和适当的场合。正像真理往前走一步就是谬误一样，青少年运用善意的谎言时，千万注意不要让它成为有害的东西。

掌握一定的交际秘诀

“己所欲，先予人。”在现实生活中，要想建立良好的同学关系，我们首先需要做的是站在对方的立场上去思考、去行为，这是人际交往的秘诀。下面介绍一些和睦相处的交际方法，不论是在学校还是在社会上，都能够帮助你。

1. **为对方着想。**

只有站在别人的角度上，先替对方着想，才会以恰当的、可以让对方接受的方式被对方认同、接纳。如果没有为对方着想，忽略了对方的担忧和感受，那你永远也不会打动别人，而你的目的也就很难实现了。

2. **多关怀、体谅人。**

由于所处的立场不同、环境不同，通常很难了解对方的感受。在对待别人的失意、痛苦或挫折时，千万不要幸灾乐祸，而应多关怀、体谅别人的心情。如果你用铁棒粗鲁地撬，那么你是怎么也不可能把别人的心房打开的。唯有关怀，才能把自己变成一把打开心门的钥匙，进入别人的心中。了解别人，在沟通中多为对方着想，注重以心换心，以情动人。

3. **喊出对方的名字。**

每个人都会对自己的名字特别敏感，通常情况下，如果你能叫出对方的

和睦相处

名字，就会使对方感到亲切、融洽。虽说记住他人的名字看似是一桩小事，但做到与否，效果却大不一样。你记得别人的名字说明你把对方放在了心上，这不仅有利于缩小双方的距离，给对方留下好的印象与形象，更代表着礼貌、礼仪和自身修养。所以记住对方的名字，并把它叫出来，你会发现对方回报给我们的是善意的微笑与和睦的相处。

4. **帮助而非施舍。**

在人际交往中，我们时常会帮助他人，也时常“好心办坏事”，这都源于我们没认清帮助和施舍的区别。每一个人，尤其是处于困难中的人，都有着很强的自尊。你想要帮助他，就先要理解他，理解他真正的难处，理解他复杂的心态，理解他希望得到帮助而不是施舍的愿望。有了这些正确的理解后，我们才能去帮助他人，充满尊重地帮助，才是真正的帮助。

5. **善意地提醒。**

人际交往中，我们时常本着好意去要求别人，“你应该这样”“你应该那样”，甚至会表现得声色俱厉。换个角度想想，如果别人这样提醒你，你会怎么样呢？是听从，还是据理力争，甚至是拒绝呢，即使明明知道对方是怀着好意。因此，我们何不换一种方式，用对方可以接受的方式，去“善意”地提醒呢？也许这样更能取得好的效果。

6. **学会宽容。**

生活告诉我们，当你在宽容别人的同时，你也在宽容自己。宽容是你心

学会宽容，懂得珍惜

灵的成长，更是你成长道路上的必修课，让我们来学会与宽容共舞。

（1）容人之过：人非圣贤，孰能无过。在人际交往中，我们免不了会犯这样或那样的错误，不要因为对方犯了一个小小的错误，就疏远彼此间的关系，甚至发生冲突。要建立良好的人际关系，你就要学会宽容他人所犯的错误，因为这些都是我们成长道路上必须要经历的。

（2）容人之功：别人有功劳，我们本应该感到高兴，但此时我们狭隘的心胸可能会作祟，生怕别人的功劳会对自己构成威胁，造成自己不受重视，甚至会破坏我们与他人间的关系。其实你的这些担心都是多余的，如果我们自己做得足够好，别人的功劳是不会对我们造成伤害的。我们也应该学会容人之功，而不是无端地猜忌，甚至是与对方产生冲突。

（3）适时地“糊涂”：宽容他人，我们可以使用的方法很多，糊涂就是其中非常巧妙的一招。适时的糊涂可以让对方感受到我们的宽容，特别是当对方自己察觉到犯了错误时。由此可知，糊涂是难得的人际关系润滑剂。

宽容是阳光雨露，在它的滋养下，我们的友谊之花才会茁壮地成长！

自我管理箴言

俗话说：“忍一时风平浪静，退一步海阔天空。”面对冲突最好大事化小，小事化无。要是遇上大矛盾了，自己解决不了了，那么我们可以请老师帮助解决。可能有一些同学认为把自己和别人的矛盾告诉老师就是“打小报告”，其实这些同学的想法是错误的，事实上，有些事情发展到一定的程度并不是你的能力所能解决的。所以，我们必须学会寻求帮助，妥善解决问题。

自我管理基地

你能取悦他人吗

1. 测试导语。

能取悦他人是一种能力，它关系到你人际关系的好坏。一个社交高手，他必有取悦他人的潜质，你有这方面的潜质吗？完成下面的测试即可得知。

2. 测试开始。

（1）一个朋友生病后，你会：

A. 打电话问候。

B. 利用业余时间照顾他，希望他（她）早日康复。

C. 埋怨他（她），因为你要做更多的事情。

（2）听到一个有趣的故事后，你会：

A. 迫不及待地向朋友转述。

B. 笑一阵了事。

C. 记在心中。

（3）假如现在要你选一个朋友，你喜欢选择何种性格的呢？

A. 具有幽默感的。

B. 争强好胜的。

C. 沉默寡言的。

（4）如果你的一位同事资历和你一样，工资却比你低，你会有什么感想？

你能取悦他人吗

A. 觉得自己优越。

B. 向他表示同情或为他抱不平。

C. 没有任何特别感想。

(5) 你不喜欢朋友的朋友，如他们邀请你赴他们的宴会，你会：

A. 穿最好看的衣服，打扮好，高高兴兴地赴宴。

B. 勉强赴宴，强装笑脸。

C. 拒绝邀请。

(6) 你对朋友的癖好感兴趣是因为：

A. 与你的癖好相同。

B. 他的癖好与众不同。

C. 他有了这癖好后显得更加可爱。

(7) 听到有人造你的谣，你会：

A. 勃然大怒，要找那人算账。

B. 置之不理。

C. 感到有趣。

(8) 你为他人做了好事之后，期望什么？

A. 无任何期望。

B. 希望对方以后平安顺利。

C. 希望对方知恩图报。

(9) “为了友谊，毫不犹豫地牺牲自己的重要目标。”你对这句话怎样看？

A. 岂有此理。

B. 十分同意。

C. 看情况而定。

(10) 你和朋友一起外出吃午餐，一般来说，有几个人和你在一起？

A. 一个。

B. 最多两个。

C. 起码三个，越多越好。

(11) 你的一位老同学取得卓越的成就，是社会公认的优秀人物，有一天见到他时，你会：

A. 赞美他。

B. 避开他。

C. 冷冷地讽刺他，意思是他不择手段才取得所谓的成就。

（12）你得了感冒之类的病后，怎样处理？

A. 自己服药，坚持上班。

B. 在家休息，乘机请假。

C. 找医生，希望尽快医好上班。

3. 评分标准。

得分 答案 \ 题号	1	2	3	4	5	6	7	8	9	10	11	12
A	5	10	10	1	10	1	1	5	1	1	10	10
B	10	1	5	10	5	10	5	10	10	5	5	1
C	1	5	1	5	1	5	10	1	5	10	1	5

4. 心理透析。

40 分以下：可以说你无取悦他人的潜能，甚至连取悦自己也不会。

41 ~ 80 分：你有一定程度的取悦他人的潜能，但还不够。如果加强这方面的修养，会有一定的前途。

81 ~ 120 分：你一向喜欢取悦他人，别人一见到你就如沐春风。

女为悦己者容是取悦，男人对心爱的女人说尽甜言蜜语是取悦，上司的褒奖与肯定是取悦，朋友之间的相互鼓励是取悦，忘年之交的相互欣赏是取悦……总之，取悦无处不在。如果人类没有相互取悦，我们的交流就会缺乏互动，我们的心灵就会日渐僵硬。但是取悦得有尺度，取悦别人不是委屈自己，取悦别人不是颠倒黑白。取悦别人，要让对方开怀，自己开心，旁人舒服。这种能力需要我们在日常生活中积累和锻炼。